JN318494

目次

編集協力／村上紀彦

I——現代と民俗

仏教が現代に生きるには

昭和の初年に、仏教経済学の名で大いに論陣を張った矢吹慶輝《やぶきけいき》博士（一八七九―一九三九）の講演を、私は学生時代にきいたことがある。どのような計算をしたのかしらないが、博士は仏教の名において所有されている寺院の土地・建物・財産や文化財の総計は、世界のいかなる金持の財産よりも大きいだろうという。ということは、無欲・無我をといた釈尊が、実は世界一の金持になったことだというのである。

これは日本の資本主義が無反省な膨脹をつづけていた時代の話で、金持であることが何よりも善とされていたから、このような講演がいたるところでうけていたのだとおもう。金持になりたければ、仏教に帰依《きえ》して無欲・無我になりなさい、といわんばかりの話であった。博士はまた人間のもっとも欲しいものはお金だから、その欲しいお金を寺へあげることは、一番簡単な無欲・無我の実践だともいった。私はこの巧妙なパラドックスに、なにか釈然としないものを感じたことをおぼえている。

第二次世界大戦後、すくなくも日本国内で釈尊の名において所有されている財産は、いちじるしく減少したであろうが、それでもなおその総和は莫大《ばくだい》なものであろう。京都の東寺《とうじ》（教王護国寺《きょうおうごこくじ》）が寺宝のごく一部を売却しても数億になるのだし、京都の市街地面積の一割ちかくが寺の境内地だという。しかもなお寺院は貧困をさけび、本山は火の車を訴える。

これは一体どうしたことなのだろうか。大ざっぱにいって、日本の古代仏教は荘園経済によってささえられた。荘園の土地そのものは国家や貴族や豪族から施入されたが、寺をささえる貢租はいうまでもなく、庶民の労働が生みだしたものである。中世になって荘園が武士に蚕食《さんしょく》されると、勧進経済に依存するようになり、庶民の零細な喜捨が結集されて、大寺院が維持・復興される。近世の檀家《だんか》経済にいたっても、地域社会の庶民が仏教を維持する主体者だったことはたしかであろう。しかもこのながい仏教の歴史のなかで庶民はいつも愚民あつかいをうけ、庶民を相手にする下級僧侶《そうりょ》は沙弥《しゃみ》・優婆塞《うばそく》・聖《ひじり》あるいは山伏・毛坊主・願人《がんにん》などと賤視《せんし》された。

明治以後になると教団組織の再編と僧侶養成機関の充実などで、下級僧侶はすべて消滅するか、あるいは大学教育をうけてインテリ化し、素朴な庶民の宗教的欲求を、迷信とか俗信とかいって蔑視《べっし》するようになる。私の知っているある僧侶は、祖父の代まで山伏をしていたが、檀家と田畑をもつ寺に入って祈禱《きとう》も山伏修行もやめ、その孫の現住職は大学を出て教員をしている。したがって寺と檀家はもう邪魔だというのである。

このようにして僧侶はインテリ化して修行と祈禱と葬式をきらい、ホワイトカラーの職業の方を正業とするかぎり、もはや仏教は庶民の宗教ではなくなっている。したがって庶民は寺院経済にも責任をもたなくなったから、本山は寺宝を売却したり、境内地の丘を切売りするほかはなくなったのである。このようになっても、まだ何々御所や門跡《もんぜき》や院家・勅願所・御菩提所《ごぼだいしょ》などの由緒と格式を後生大事にまもり、大僧正ばかりやたらにつくるのが本山である。

現代は庶民の社会的地位は大いに向上しながら、宗教においては庶民仏教は、オーソドックスな仏教から見放された形である。現代の仏教は「知恵の宗教」で、呪術《じゅじゅつ》や苦行を排し、高い知性をほこっている。仏は覚者であって、諸法皆空とか諸法実相とか、あるいは中道などの真理を覚る般若《はんにゃ》（知恵）と禅定《ぜんじょう》（瞑想《めいそう》）を理想とする。このような仏教は衣食のわずらいなく優雅に思弁し、瞑想することのできるエリートの宗教で、日々の生活にあくせくする庶民のものではない。古代から仏教の基層をささえてきた庶民は、現代の「知恵の宗教」から完全に拒絶されたのである。

それでは庶民は仏教に何をもとめているのだろうか。私は「知恵の宗教」ではなくて「行動の宗教」をもとめているのだとおもう。行基《ぎょうき》や空也《くうや》の仏教がそれであるが、庶民のための仏教をささえたのは、名もない無数の聖や行基や空也だったことをわすれてはならない。かれらの仏教は仏教の名に値しないほど原始宗教的であり、野蛮な遊行《ゆぎょう》と苦行の仏教であった。そして一人一人の信仰や安心《あんじん》ではなくて、原始共同体的な集団の信仰であった。こうした仏教のなかから「公害企業主呪殺祈禱僧団」などという野蛮な集団もあらわれるが、あまりにも知的貴族化し、無気力化した仏教がヴァイタリティをとりもどすためには、一度庶民の仏教の野蛮な原点に立ちもどる必要があろう。庶民はつねにきびしい修行のなかで、超人間的な呪力をたくわえた宗教者のあらわす奇跡をまちのぞんでおり、奇跡の非合理性をもとめて、宗教を信ずるのである。

仏教が現代に再生するためには「知恵」も由緒も寺院も財産もすっかりすてて、庶民とおなじく裸にならなければならないだろう。これが無欲無我をとく仏教の原点にもなることは、いうまでもないのである。

歩く旅こそ旅の根源

一

ちかごろの人はやたらに車に乗るが、人間の先祖はピテカントロプス・エレクトゥス以来、五〇万年ものあいだ歩いたことを忘れたのだろうか。ビジネスで車に乗るのはやむをえないとして、ビジネスから解放された旅にまで車に乗るというのは理に合わない、と私は考える。五〇万年の歴史の最末端で人間は車に乗るようになったのだが、どうも車に乗ると人間は人間でなくなるらしい。私は街の交差点に立ち止まって目の前をあくせくと走ってゆくドライバーの目を見ると、あれは人間の目ではない、といつもおもうのである。

旅は人間性を回復するという。しかしそれはあるく旅にしてはじめていえることだろう。「あるく」という行為には人間の五〇万年の歴史がこもっている。それも土を踏んであるくとき、私どもは機械文明から解放された、自然のなかの人間に戻るのである。

私は中辺路《なかへじ》や雲取越《くもとりごえ》にほそぼそと残った旧熊野路《くまのじ》をたどったときの、心のやすらぎと喜びを忘れることができない。それは歴史以前の人間が自然のなかにかえったやすらぎと、歴史以後の人間が歴史のなかに自己を見出した喜びであろう。人間は自然という空間の座標と、歴史という時間の座標の上で人間性を回復する。それは「あるく旅」ではじめて味わうことができるものである。

旅はまた現実からの脱出ということができよう。雑然たる身辺と、のっぴきならぬビジネスで窒息しそうな現実をのがれて旅に出るとき、旅のロマンチシズムに生きる喜びを見出す。そこには可憐《かれん》な野の花が待っており、清楚《せいそ》な白樺《しらかば》の林があり、あるいは原始の静寂をたもつ山毛欅《ぶな》林がある。また荒寺のほのぐらい本堂のなかに立つ仏像に、現実を忘れて永遠をおもうことができる。あるときは遍路や巡礼がたどった古道の石畳をふみ、歴史がながれていった旧街道の並木道や峠にたたずんで、懐古の想いにひたることができるのである。

二

そうはいっても私の旅はビジネスであることが多い。史料採訪や民俗採訪の必要で旅行するからである。ただそうしたビジネスで入った山村や漁村で、本当の旅というものを味わうのは役得《やくとく》とでもいえるかもしれない。

一般に旅行の対象になるのは名所旧跡とか、名勝地というものにかぎられる。旅行の案内書や雑誌もそのようなポピュラーなものしかあげていない。したがってそこに旅行者が殺到して、自然をこわし、歴史をふみにじってしまう。しかし私のビジネスの旅は、さいわいなことに名所旧跡も名勝地も必要がない。それは『古今和歌集』や『新古今和歌集』の歌枕になった名所や、古戦場とか城下町の旧跡をたずねる旅ではないからである。私の旅はどこにでもある庶民の歴史の跡だから、誰も無視してかえりみないし、汽車や自動車で素通りしてしまうところばかりである。そこには現代人が忘れてしまった庶民の過去があり、都会人が失ってしまった人間の生活が残っている。葛《くず》の葉をからませた猪垣《ししがき》が山田のまわりに苔《こけ》むしていたり、バッタリ（京都、詩仙堂にあるような猪追いの僧都《そうず》）が谷間に物憂いひびきをこだまさせていたりする。私はそこで最高に贅沢《ぜいたく》な旅を味わうのである。

私が戦前の秋の一日、奈良県の桜井《さくらい》から鳥見山《とみやま》の鳥見の霊畤《れいじ》（神武《じんむ》天皇の天神郊《こう》祀《し》の遺跡）をみて倉橋山を越え、多武峯《とうのみね》の談山《だんざん》神社でひと休みしてから、ススキのなかの細径《ほそみち》を分けて飛鳥《あすか》に出たころの飛鳥は、ちょうどそのような山里であった。私が飛鳥についてえがくイメージは、板蓋宮址《いたぶきのみやあと》の飛鳥ではなくて、名もない農民が狭い山田をたがやす山里なのである。

私の「あるく旅」は観光バスが田圃《たんぼ》道にあふれたり、大臣が視察して史跡に指定するような場所へ行くことではない。宅地造成資本の代わりに国家権力が破壊しようとするような飛鳥は、もはや私の旅とはおよそ縁もゆかりもない。もちろん戦後の都市化は私の「あるく旅」をせばめてはいる。それでも庶民にとって日本はまだまだ広い国で、私が役得で贅沢な旅をすることのできる山村や漁村はいくらでもある。

三

この四、五年できなくなったが、もとは汽車は鈍行列車をえらんで、田舎の小駅に降り、次の小駅までの一駅間をあるいて、次の便の列車に乗る、という旅の方式を実行していた。この方式は戦時中、極度に切符が不自由だったとき、一枚の切符で民俗採訪の効果を最大にあげようとして、はじめたのである。

そのころはもちろんリュックサックに米を入れて携行し、夏は蚊取線香や蚤取粉《のみとりこ》、冬は毛布をもち、ボロ服にドタ靴をはいていた。そんないでたちで、汽車の都合では駅の待合室で一夜を明かすことがあった。米は統制品だったから、北陸線の一駅で警官の臨検に会って、とりあげられてしまったこともある。しかしその時代が民俗採訪にもっとも効果的で、どこの山村でも農村でもあたたかくむかえられたし、調査に村人が協力的だった。

私が磐越西線の徳沢で下りて、飯豊《いいで》山登山の基地である奥川村弥平四郎《やへしろ》（現、福島県西会津町）の村落へ入ったのも、そのころであった。この村は木地屋《きじや》村落だったが、この山村の原始的な生活は、民俗学をはじめて間もない私には一つの驚きであり、その伝承は大きな収穫となった。飯豊登山を目的にした友人三人は一日先に出発したので、私は一人で六里の山道をあるかなければならなかったが、奥川に沿うその道はすばらしかった。十月の会津はまわりの山が頂だけ白くなって全山紅葉し、飯根から先は紅と黄の落葉が道に一尺ぐらいの厚さで敷かれていた。まるで絨《じゆう》緞《たん》の上をあるくように歩いて、つかれるとその上に大の字になって寝た。

弥平四郎では軒のふかい茅葺《かやぶ》きの、いまなら民宿ともいえる真黒にすすけた宿屋が、あたたかくむかえてくれた。「飯豊様のお米」とよぶ大群のへヒリムシの青くさい臭気が、室のなかにも食膳《しよくぜん》にも充満していたが、私は調査を終えてもなお二日滞在した。そのあいだ分校を一人で守る校長兼雑用係の先生の案内で、村中をあるきまわった。それは仕事の旅というより、まったく贅沢な旅であった。

帰路は一ノ木で泊まるつもりで出たが途中で暗くなり、懐中電燈の電池も切れて、手さぐり足さぐりで断崖《だんがい》の上の細道をたどった。夜の九時ごろ、もう寝てしまった飯里の店を起こし、宿屋ではなかったが泊めてもらった。ここで私は『古事記』などに見える手火《たび》という、松のジンを箸《はし》ぐらいに細く割って火をつける太古の照明を見た。老婆はいそいで南瓜《かぼちゃ》を汁の実にした味噌汁《みそしる》だけの夕食を用意してくれたし、炉の中の熱灰で栗を焼いてくれた。庶民の生活と心を肌で感じる旅であり、いかなるホテルもおよばぬ豪華な一夜であった。

四

柳田国男《やなぎたくにお》先生（一八七五―一九六二）は「あるく旅」の醍醐味《だいごみ》は草鞋《わらじ》にあると語ったことがある。先生は高級官僚が草鞋ばきで邸《やしき》を出るのを御家族がいやがるので、新宿まで靴をはいてゆき、そこで草鞋にはきかえて靴は小包にして家へ送ったという。中央線の一駅で降りて歩きはじめ、一時間ほどして草鞋がしめりをおびて、足にぴったり吸いついた感触がたまらなかったと語っている。

私には草鞋の経験はないが、明治、大正までの旅はすべて草鞋だったらしい。二、三年前に聖護院《しょうごいん》山伏の大峯奥駈入峰《おおみねおくがけにゅうぶ》に参加したとき、山伏の金剛草鞋も、地下足袋《じかたび》風のゴム底が草鞋型につくられているのに驚いた。草鞋もいまに民俗博物館でしか見られないものになるだろう。

しかし貴族は輿《こし》や車で、武士は馬で旅をしたのに対して、庶民は草鞋で旅をしたのである。私は文化を「座る文化」と「乗る文化」と「歩く文化」に分けることができるとおもう。「座る文化」はもちろん貴族文化で、搾取の上になり立つ怠惰で不健康な文化である。深窓にくりひろげられる優雅な生活は、見た目には洗練された繊細な美のようであるが、実際には怠惰と、好色と、陰険な権勢欲にみたされており、平安貴族文学も私には饐《す》えた臭いがする。『源氏物語絵巻』など私はどうしても好きになれない。それよりは扇面古写経下絵にえがかれた、はたらく庶民の健康な野性の方が、はるかに美しいとおもう。

貴族も「座る文化」の陰湿さに風を入れるために物詣《ものもうで》をした。これも闊達《かったつ》な旅をする庶民にまねたものであるが、もっぱら腰輿《ようよ》のような乗物を利用している。葵祭《あおいまつり》の物見車などは簾《すだれ》のあいだからのぞき見するといういうみみっちいやり方である。このような「乗る文化」は現代のマイカー観光旅行に共通した、歩くものを見下す怠惰な優越感がある。武士もまた馬に乗ることが権威の誇示であったし、庶民に君臨する手段でもあった。徒歩で重い荷物をかつぐ家の子郎党や下人《げにん》所従《しょじゅう》をしたがえて、馬上ゆたかに乗り打する意識が私にはにくいのである。

これに対して庶民文化はもっぱら「歩く文化」である。西行《さいぎょう》も芭蕉《ばしょう》も歩く旅からうまれた文学だから、健康な野性味がいつまでも庶民の心をとらえてはなさない。「袖《そで》すり合うも他生の縁」という言葉のように、歩く旅にはあたたかい庶民の心のふれ合いがあった。座る文化も乗る文化も、自分だけの密室にとじこもって、こうしたふれ合いがない。

円空《えんくう》や木喰《もくじき》の芸術も歩く旅の所産であった。かれらは庄屋やお寺からは追いだされることはあっても、村人や漁民の好意にささえられて、村のお堂や祠《ほこら》や荒寺で、庶民にしか理解されない仏像、神像をせっせとつくってあるいた。京都や奈良や高野山には工房をかまえて職人をやとい、大寺院の注文に応ずる仏師はいたのだが、庶民のための仏像はつくらなかった。

私は円空や木喰の芸術は、いわゆるブルジョア的芸術論の尺度ではかるべきものではないとおもっている。それは粗野ではあるが生命力にあふれた庶民精神の表出として、ブルジョア芸術と異質の美をもっている。ということは「歩く文化」のヴァイタリティの生みだす美であり、放浪の聖《ひじり》をあたたかくむかえた庶民のホスピタリティとの合作でもあったのである。

五

ちかごろ街角で見かけて誰でも異様な感をもつのは、坊さんがマイカーやバイクに乗って走る光景である。この異様な感というのは、仏教というものの本質にかかわる懐疑なのであって、なかなか馬鹿にはならない。バイクに乗っている坊さん御自身は、これでなければとても檀家はまわりきれないし、第一仏教を近代化するにはマイカーぐらいはもたなきゃ、とおもっているかもしれない。仏教にも大伽藍《がらん》や本山に「座る仏教」や、このようにバイクに「乗る仏教」もあるが、本来庶民の仏教は「歩く仏教」だったのである。

聖《ひじり》や山伏や雲水は、どのような山奥も辺地も離島もいとわず歩いて入った。そこで庶民のなやみにこたえて、あるときは祈り、あるときは法をとき、また説経《せっきょう》、祭文《さいもん》や踊念仏の芸能で娯楽もあたえた。仏教は「歩く宗教家」によって庶民のものになったのである。

私も円空仏を求めて美濃《みの》の山里をたずねあるいていたとき、正眼僧堂《しょうげんそうどう》（岐阜県美濃加茂市井深《いぶか》正眼寺）の雲水らしく、ひどい山道を大股《おおまた》に力強くあるいているのに出会ったことがある。このような雲水だけだったら、日本の仏教もわざわざ「近代化」せずとも現代に闊歩《かっぽ》して、社会に役立つだろうとおもう。

大本山や大寺院が貴族化して、「座る仏教」の陰湿な権力闘争と利益追求に明け暮れるから、教団が悪あがきの泥沼におちこむのだろう。

「歩く仏教」はもう一つの面をもって庶民をうごかした。これが巡礼や遍路の旅であり、六十六部の回国や山伏の山林修行である。

いま奈良、京都の大寺院に、宗教としての仏教があるとおもう人は、よほどのお人良しである。観光としての仏教、あるいは博物館としての仏教はあるかもしれない。そこには「古寺巡礼」などはありえないのであって、「古寺巡観」があるだけだし、それもギリシア的美学で偶像の表面をながめまわすだけである。

しかし庶民はもっと切実な生きる希望をもとめて霊場を巡礼し、その歩く労苦が大きければ大きいほど、仏の慈悲の大きいことを信じてうたがわない。したがって遺族会の幹部（政治家・官僚）や老人会の世話人（町村吏員）が観光バスをチャーターして、霊場寺院へ横付けする旅行会では考え直してほしいものである。ちかごろの霊場が門前の高い石段をさけて、専用ドライヴウェイをつくる傾向があるが、これは信仰の自殺行為である。せめて門前の石段や長い参道はあるかなければ、私のいう「あるく旅」の醍醐味をあじわうことはできないとおもう。

旅で取り戻す人間性

「かわいい子には旅させよ」の思いで、きょうこのごろ東京や京都の学校へ息子や娘を送ろうとする親も多いことだろう。現代の若者たちには「青雲の志」や「笈《きゅう》を負うて」遊学する悲壮感はないけれども、修学のために郷関《きょうかん》をはなれて旅をするという点では、昔も今もかわりはない。

しかも一方では現代の旅はレジャーであり、レクリエーションだといって、無目的な放浪やばか騒ぎの観光旅行もまた花盛りである。所得倍増と交通機関の発達が、このような旅を現代人の生活必需化してしまった。それでは一体現代人にとって旅とは何なのだろうか。

私などが僻地《へきち》の農山村をあるいて心を打たれるのは、路傍や辻やお堂の広場に苔《こけ》むして立つ多くの巡拝碑である。それは過ぎし日の庶民の哀歓を、子孫や旅人にかたりかけるように立っている。西国三十三所観音霊場や西国・坂東《ばんどう》・秩父《ちちぶ》百観音の巡礼碑があるかとおもうと、四国八十八か所遍路や大峯《おおみね》・出羽《でわ》三山《さんざん》登山の石碑がある。大乗妙典六十六部日本回国碑は六十六か国の一の宮に、法華経《ほけきよう》を一部ずつ納めたという放浪者の記念碑である。

これらの中には重病やハンセン病を、巡礼の旅と神仏の加護でなおそうとしたものや、自責にたえかねる罪を犯して、巡礼の旅で罪滅ぼししようとしたものもすくなくない。しかし多くは一生一度の西国・四国の巡礼の旅で、観音霊場と伊勢《いせ》・熊野・金毘羅《こんぴら》参りをするとともに、京、大阪を見物する遊山《ゆさん》の旅をかねるものだった。営々と鍬《くわ》をふるった一生の生きがいをこの旅に見出そうとしたのである。それはまた村落生活にくわえられた封建的桎梏《しつこく》から解放されて、農民が気ままに生きることのできる唯一の場でもあった。

これはちょうど現代の旅が、都会生活の非人間的な環境や、資本主義の部品化した非人間的な労働から解放されて、人間性の回復をもとめるのによく似ている。したがって非人間的な桎梏が強ければ強いほど、現代人の旅は人間性解放への希求が強くなる。ところがこの人間性が官能的刺激だけを志向するところに、現代人の旅の誤算があるといえないだろうか。

機械化された労働、能率化された勤労はレジャーを生み出す。このレジャーは学問や芸術やスポーツに活用されてはじめて、人間性の回復に役立つことができる。搾取のない機械化社会の理想は、万人が学問における真理探究のよろこびを享受し、文学や美術や音楽演劇等の創造と鑑賞をたのしみ、スポーツに快適な肉体と精神の解放を味わうレジャーを生みだすことにある。もしレジャーが怠惰と退廃にだけ利用されるのだったら、搾取のない機械化社会は人間の破滅にしかつながらないだろう。現代人はそのどちらにでも使うことのできるレジャーを、かなり自由に手に入れることのできる社会にちかづいている。したがってレジャーの旅も、そのどちらに役立てるかをかんがえておかなければならない。これが現代人の旅の思想というべきものであろう。

日本人の旅の代表的なパターンは、西行や芭蕉の風雅の旅である。それは名所旧跡をめぐり、歌枕をさぐって詩嚢《しのう》をゆたかにする旅であった。すなわち人間と自然のかかわり合いが生みだす、健康な美の創造と鑑賞に、人間性を見出す旅であり、同時に文学修業の旅ともいうことができよう。現代でも史跡をめぐり、古美術を見学する旅行は、歴史における真実をまなび、仏像や建築の美を鑑賞し、その様式や由来を研究する修業の旅である。それこそ機械化社会における人間性の回復というに価する旅であろう。

また禅僧や雲水の旅は、明師をもとめて旅するものであったが、近世武芸者の武者修行などもこのパターンにはいる旅である。ヨーロッパでもウィルヘルム・マイスターの遍歴のように技能をみがく旅があり、日本では工匠や鍛冶《かじ》や画師・彫刻師のような職人の遍歴があった。それはやがて遊俠《ゆうきょう》の旅がらすにまで変化してゆくが、本来的には師をもとめて遍歴し、みずからの精神と技能を向上させるための旅だったのである。中世ヨーロッパの大学が遍歴の大学生を収容したように、日本の中世には、比叡《ひえい》・高野・根来《ねごろ》・多武峰・坂東の「五大学」、と切支丹《きりしたん》宣教師によばれた諸山に、修行の学僧があつまったのは有名である。

しかし現代は日本中いたるところに大学があり、明師がおり、笈《きゅう》を負うて旅せずとも学ぶことができる。しかもなお親元をはなれて遠隔の地に遊学する学生がすくなくないのは、旅そのものが学ぶための道場であり、人間性をゆたかにするものだからである。これは短い旅によって歴史をまなび、美術を鑑賞し、詩嚢をゆたかにすることと、本質的にはおなじものであろう。現代人の旅の思想はこの意味でつねに旅に学ぶことによって、機械化社会や既成の社会から解放され、人間が真実の人間性を発見する場をもとめるものということができる。

迷信と俗信

一

先日、さる寺院住職の団体から迷信についての話をたのまれた。その座談会の席上で真宗門信徒のなかに、方位や日の吉凶、余仏余菩薩《よぶつよぼさつ》の信仰、祈禱師《きとうし》や新興宗教への傾斜、巫女《みこ》の予言、託宣への信頼等の迷信が横行しているという苦情がきかれた。

これらの迷信が布教の第一線で活躍する真宗寺院住職の頭痛の種であることは、私にもよく理解できた。しかしこれに対処する方法については本山から何も指示されていないし、住職みずからも何も持合せていないように見受けられた。

むかしから宗教の布教伝道というのは、異教との戦であったといってよい。そのために中世のキリスト教には「神の軍隊」(militans dei) というものまで組織されたのである。だから真宗にとっての異教である迷信にたいして、なんらかの対抗手段をかんがえるのは当然だといえる。しかし戦には敵を知ることが大切だから、迷信の正体をあきらかにしておく必要がある。今日まで対抗手段がなかったというのは、この迷信の正体がわからなかったからであろう。

大体、本山というところはどこでも、本宗の信仰はかくあるべしという信仰箇条をしめすことはするが、それを現実化する手段までは世話をしない。現実化できないのは布教の第一線にある住職たちの信仰が確立していない証拠だ、とお叱りをうけるのがおちである。また宗門大学はその信仰箇条を正当化するための研究はするが、迷信とその撃退法までは手がまわらない。うっかり迷信の研究でもすれば、あいつは迷信を信じているのではないかと疑われて、異《い》安心《あんじん》に問われないともかぎらないのである。

宗教にとって信仰箇条は絶対的理想であり、当為（Sollen）であって、かくあるべしと言われても、かくありがたいのが普通である。それなればこそ、信仰の獲得に血みどろの努力が要る。その努力をかさねてもかさねても到りえないのが絶対的理想というものであり、血みどろの努力そのものが信仰であろう。宗教が生命力をもっていた時代には、そうした努力にもかかわらず、理想には到りえないことがわかっていたのだとおもう。聖者たちの血の告白にそれをうかがうことができる。しかし宗教が生命力を失うと、理想とする信仰箇条は固定化し形式化する。そしてもっと悪いことには信仰が権威化して批判をゆるさなくなる。

口先きだけでも信心や法語を口にしていれば、信仰者であり、智者である。しかし信仰に疑いや迷いをもてば、それは不信心であり、愚者なのである。中世のキリスト教ではそのようなものは、異端として宗教裁判にさえかけられた。私は信仰の権威化ほど恐ろしいものはないし、それこそ迷信ではないかとおもう。それは近代では政治的信条の権威化の恐ろしさにも比較できるであろう。

二

さて話は初めにもどって、布教の第一線にある真宗寺院住職を困らす迷信、すなわち日の吉凶や方位の吉凶、余仏余菩薩の信仰、祈禱・託宣（口寄せ・お告げ）の信頼は、正しくは俗信とよぶもので迷信ではない。迷信はむしろ宗教的信仰の固定化と権威化の方であるし、権威化した教団宗派どうしのあいだでは、お互に他派は迷信なのである。日蓮《にちれん》の四箇格言はそのことをきわめてよく示している。

しかし俗信と迷信のもっとも常識的な識別は、民俗的信仰現象のなかで社会的に容認されているものは俗信であり、反社会的な実害をともなうものは迷信だということができよう。旱魃《かんばつ》に村人があつまって雨乞《あまごい》祈願をしたり、山上に薪をもちあげて千把焚《せんばた》きをしたりするのは、非科学的なことであっても、その村落社会では容認されているのだから俗信とよばれる。しかし狐憑《きつねつ》きや犬神憑き、トウビョウ（蛇）

持ちなどの家筋をきらい、通婚を妨害して人権を侵害するようなことがあれば、その反社会性は迷信として排撃されなければならない。

ところが人が死ねば逆さ屏風《びょうぶ》を立てたり、枕元に剃刀《かみそり》と樒《しきみ》の一本花をおき、高盛飯に一本箸《ばし》を立てて供えるような習俗を、仏典に根拠がないからといって非難する権利は教団にはない。このような習俗は俗信であって、仏教伝来以前から日本民族がもっていた民族宗教の残存形態として伝承されているのである。これらはお盆の魂祭りとおなじく、日本民族の霊魂観念というものを根底において成立したものなので、葬送習俗全体を迷信といって否定すれば、庶民の宗教観念の根を断ち切ってしまうことになり、葬送は死体の処理だけに終わることになろう。

また日本人の霊魂観念に祖霊が盆、彼岸、新嘗《にいなめ》、大晦日《おおみそか》に子孫の家に帰って来るという俗信がなかったら、盆や彼岸の仏教行事は必要がない。霜月《しもつき》二十三日（新嘗）の祖霊来訪信仰と霜月報恩講の庶民的受容には、密接な関係があるという学説も出ている。

私は父方が天台宗で、母方が浄土真宗の檀徒《だんと》なのだが、母の実家の菩提寺《ぼだいじ》は関東二十四輩の著名な寺である。私が母につれられてお盆の先祖参りに行くときは、その寺の門から入らずに墓地の生垣の破れ目から入って先祖代々の墓に線香や提灯《ちょうちん》をあげた。

すべての檀家がそうなので、墓地は賑やかだったが、お寺の本堂も庫裡《くり》も平生のようにひっそり静まりかえっていた。なぜこんな生垣の破れ目から入るのかと母にきいたら、お盆参りを見つかると和尚《おしょう》さんに叱られるからというのであった。平生《へいぜい》業成《ごうじょう》は真宗の当為(Sollen)であって、お盆参りは民衆の実態(Sein)だったのである。

宗教の極致、またはもっとも純粋な形が絶対他力の信仰であることは論ずるまでもない。それはまた真宗の信者の目ざす理想であるが、そこに到る過程または方法にはそれぞれの業や機根、それ以上にその人のおかれた環境によっていろいろの変化があるのが実態だとおもう。寺院生活をする者や農業を営むもの、官公吏、教員をする者や商売をする者などがみなおなじ過程と方法で、絶対他力をもとめることはかんがえられない。高等教育をうけたインテリと普通教育だけの商工業者、金持と貧乏人、経営者と労働者のあいだにも相違があるのは当然であろう。

そうかんがえると、在俗者の生活は本山やお寺で生活するよりもはるかに厳しく、複雑なのだから、理想の追求にも多くの屈折があっても致し方はない。農業や漁業は機械化され科学的になったといっても、凶作や不漁は一家離散の憂目を見る危険がまったくないとはいえないのである。商売人にも喰《く》うか喰われるかのきびしい日常があり、好況にめぐまれれば笑いのとまらないことだってある。しかし社会の底辺をなす庶民はまったく無防備で、あなたまかせのその日暮しなのだ。絶対他力はありがたいが、成田のお不動さんや川崎のお大師さんにもお願いしよう。浅草の観音さんにも願《がん》をかけようといっても、その俗信を責める権利は教団にはないとおもう。宗教によって救済されなければならないのは、教団やインテリではなくて、無知で貧乏な庶民である。その庶民の無知を非難したり、追いつめられた貧窮に追い打ちをかけるような、迷信呼ばわりはできないだろう。日本民族のヴァイタリティは雑多な信仰や宗教を同居させて、多目的ダムのように来世も現在も矛盾なく用を弁じているところにある。しかしその雑多なるものを帰一する仏として阿弥陀如来《あみだにょらい》が実在し、その本願のありがたさを庶民に開顕した親鸞《しんらん》聖人の御恩徳を忘れなければ、俗信もまた庶民の精神生活をゆたかにする方便として、ゆるされるであろうとおもう。

日本の聖火

東京オリンピック以来、国体ごとに聖火ばやりであるが、日本にも古代から聖火信仰があったことを反省してみる必要があろう。

日本の宗教には神前・仏前の燈明や献燈をはじめとして、火が不可欠である。もちろん生活の上からも炊火と照明火は必要欠くべからざるものであったから、これが神聖視されたのは当然である。しかしそれが宗教上の聖火となれば、その不滅性が要求される。

比叡山の根本中堂には、有名な不滅の法燈がほのぐらい内陣にともされていて、参詣者はその神秘感にうたれる。もっともこの不滅火は元亀《げんき》二年（一五七一）に、信長が比叡山を焼いたとき消えたのを、山形市郊外の山寺立石寺《りっしゃくじ》から不滅火をもらって、つないだのである。

山寺立石寺の金堂にはその元火の「一千百年不滅の法燈」と銘打った燈籠が下がっている。一千百年というのは立石寺の開基の慈覚《じかく》大師が、比叡山からこの火を移した時からかぞえてというわけだが、それよりもっと古くからこの火はともされていたのだとおもう。というのは立石寺のような山岳霊場信仰は仏教伝来以前からのもので、そうした霊場信仰の中心が不滅火であったことがわかってきているからである。そして立石寺の不滅火は、実は金堂の法燈ではなくて、奥の院常火堂の炉火だったのである。

各地霊場の奥の院には不滅火があるか、またはかつてあったのだが、立石寺奥の院の常火は明治二年（一八六九）の常火堂の焼失で消えた。排仏毀釈《はいぶつきしやく》のあらしのなかでこの火は再び燃えることなく、炉址《ろあと》だけがいま奥の院の建て物の床下にねむっている。しかしそれ以前はこの炉で、大榾《おおほた》が焚《た》き継がれていたのである。この火を不滅に護ることはこの寺の僧のきわめて重い役目であったことが、いまもつたえられている。

もう一つの不滅の聖火は出羽の羽黒山《はぐろさん》の奥の院、荒沢寺《こうたくじ》の常火堂に、昭和二十四、五年まで大榾で焚かれていたのだが、これも大戦後の荒廃のなかで消えた。立石寺の常火はもとはここから移したという伝承をもつ、古い不滅火であった。この炉址は常火堂の礎石とともに原形のままのこっているが、最初の聖火は羽黒山の開祖、蜂子《はちこ》皇子（照見大菩薩《しょうけんだいぼさつ》）が焚いたというから、おそらく仏教以前からのものであろう。しかもこれを焚き継いだのが「聖《ひじり》之坊」であったのは、日本の聖火の本質をしめす歴史事実として見のがすことができない。「ひじり」は聖火を管理する原始的宗教者を意味するもので、その原義は「火治《し》り」であろう。「しる」とか「しろしめす」が統治する意になったのは、国を管理するからである。そして統治者に「聖」の字をあて「ひじり」と読ませたのも、古代の統治者が祭政一致の宗教者であり、聖火の管理をしたためだろうとおもわれる。したがって皇位の継承はこの聖火を継ぐことで、これが「ひつぎ」(日継・火継)であった。出雲国造《いずもこくぞう》家では、いまも代がわりごとに「火継式」で聖火の継承を行なうことが近ごろあきらかにされた。

ともあれこのような不滅の聖火は、始祖または開祖の霊が不滅であることを意味するであろう。家の聖火はその家系のシンボルとして、不滅でなければならなかったし、霊場の聖火は開祖の精神のシンボルとして、不滅でなければならなかった。伊勢神宮にも中世までは浄火殿があって、おそらく斎宮は天皇に代わってその火をまもる宗教者だったとおもわれる。高野山奥の院の不滅の法燈も弘法大師《こうぼうだいし》の精神を不滅に継承する意味である。

信濃《しなの》の善光寺には開祖本田善光《ほんだよしみつ》の家系の火が、永禄(一五五八―七〇)のころまで燈明衆十五家によって「退転無く」仏前にかかげられていた。また修験《しゅげん》の管理した下野《しもつけ》の古峰ヶ原《こぶがはら》の古峰《ふるみね》神社には、いまも有名な「消えずの火」がある。しかしもとの大榾を焚いた炉は、拝殿の床下になってしまって、炭火が廊下の火ばちに焚き継がれるだけである。炭火の不滅火ならば、近江《おうみ》の土山《つちやま》に選挙の神様として、代議士諸公の信仰をあつめる若宮神社にも、当番神主によって焚き継がれる聖火がある。

しかし昔ながらに大榾を焚いている不滅の聖火はただ一つ、安芸《あき》の厳島《いつくしま》の弥山《みせん》頂上に「消えずの火」としてつづいている。もと虚空蔵《こくぞう》堂拝殿の土間で焚いていたのが、現在は別に建てた霊火堂で焚いている。弘法大師によって焚きはじめられたと伝えているが、これを移して広島の原爆広場の平和の灯の元火の一つとしたので、この聖火は新しい意味をもつようになった。日本の聖火が不滅なる精神の継承であるかぎり、平和の灯は絶対消してはならない、日本民俗の聖火になったのである。

古峰神社の「消えずの火」
（栃木県鹿沼市）

平安時代の仏教大学とその紛争

一

ヨーロッパの名ある大学が、いずれも中世のキリスト教大学から出発したように、日本にも現今の大学で、古代あるいは中世の仏教大学から出発したものがすくなくない。

それらはもちろん大学とよばれたのでなく、伝法院《でんぽういん》とか学林とか檀林《だんりん》とよばれる僧侶《そうりょ》養成機関だったのであるが、ただ一つ平安時代初期の綜芸種智院《しゅげいしゅちいん》だけは、俗人にも開放された私学だった点がおもしろい。この綜芸種智院の後身は現在の種智院大学で、ところもおなじ京都の東寺（教王護国寺）の境内にある（平成十一年〈一九九九〉に京都市伏見区へ移転）。もっとも伝統の古い大学といえるし、俗人にも開放されているのだが、どうしたわけか学生があつまらず、全校百人たらずの超ミニ大学である。マスプロ大学の悪名高い折柄、その伝統と稀少価値はたかく評価されてよいとおもうが、これは一方で宗教大学というもののありかたを象徴しているともいえる。すなわち近代の合理主義から出発した一般大学すら、その存立の意義を問われている現在、古代あるいは中世の宗教原理をおしつける大学が存立価値をもつかどうかである。

しかし私は日本の宗教大学のもつ伝統の品格とスタビリティを愛する。それは中世の大伽藍《がらん》のように微動だもしない落着いた雰囲気をもっている。私はそのなかで安らぎを感じ、アカデミカルな黴《かび》くさい空気を心ゆくまで呼吸することができる。しかしヴァイタリティにあふれた若者たちは、この伝統の重みと安らぎを快適と感じなくなってしまったのである。だからアカデミズムの権威と伝統を破壊しようとする現在の学生運動のあらしのなかで、種智院大学のような仏教大学は安泰でありうる。というのはヴァイタリティにあふれた若者は、このようなところにはあつまらないからである。

しかし私はアカデミズムと伝統に魅力を感ずる若者もけっしてすくなくないとおもうし、そのような若者の存するかぎり、仏教大学は存立しなければならないとおもう。そしてこのような時代の仏教大学の経営に、矛盾と犠牲をともなうのは止むをえないが、それにもかかわらず、揺れうごく社会の精神安定剤として、その存立は支持されねばならないとおもう。

二

十六世紀に日本に渡来した耶蘇《やそ》会の宣教師の目に、日本の大学は高野と根来《ねごろ》と比叡と京都と坂東の五大学があると映じた。京都と坂東ははっきりしないが、高野と根来は真言宗の古義と新義の大学であり、比叡は天台宗の大学である。もちろんその他にも浄土宗や日蓮《にちれん》宗の学林や檀林があって、修行僧は笈《きゅう》を負うてそれらをわたりあるいたし、禅宗でも座禅修行の道場である僧堂とは別に、仏教学や儒学を研究する五山十刹《きっ》や、世良田《せらだ》長楽寺などに研究者があつまった。その数はおそらく今日の地方大学の数より多かったのではないかとおもう。

しかし、考えてみれば、古代寺院というものは、すべて仏教大学だったわけである。古代寺院の伽藍配置をみれば、信仰と儀式の場としての仏塔と金堂の背後に、学問研究と伝授の場としての講堂がかならずあった。今日の宗教大学では仏塔や金堂にあたるのが、講堂とチャペルで、古代の講堂にあたるのが教室である。そのうえ、図書館にあたる経蔵や全寮制の僧房が附属《ふぞく》していた。僧房にはまた食堂と学生会館にあたる食堂《じきどう》と食堂院《じきどういん》もあった。古代では寺院は大学だったのである。

僧房は講堂を三方からコの字型にかこむ三面僧房と、講堂の後方に二棟か四棟のながい建物を二列に配列するものとがあり、その唯一の遺構が奈良元興寺《がんごうじ》極楽坊の本堂・禅室としてのこっている。一室は三間に六間のかなりゆったりしたもので、小子房《しょうしぼう》という下僕の室までついていたが、この寮生活は窮屈なものだったらしく、平安時代に入ると、境内の外に別坊をもうけて出てしまうようになる。今の学生が窮屈な寄宿舎をきらって、気儘《きまま》な下宿をするようなものである。したがって平安時代の寺院には僧房がなくなるとともに、大学としての性格もうすれていった。

しかし九世紀はじめに、真言学徒の修禅のところとしてひらかれた高野山金剛峯寺《こんごうぶじ》には、二十一間僧房が経蔵・食堂とともにつくられたのをみれば、ここに空海は実践（修禅）をともなう大学の設置を意図したものとかんがえざるをえない。それにもかかわらず、のちには高野山内にたくさんの子院がつくられて、学侶《がくりょ》とよばれる学生はそれぞれの師（能化《のうけ》）の坊に分宿して個人指導をうけるようになった。これはいわば英国風のチューター（tutor）制度とでもいうべきものであるが、学生は学僕をもかねて、朝夕の勤行《ごんぎょう》や掃除・炊事・客接待などの雑役に、修行の名において従事せねばならなかった。

いまも高野山の寺院建築の特色をなす会下《えか》という建物は、この分宿学生の起居する寄宿舎の名残りである。大てい二階づくりで下は薪炭などを入れる納屋であり、二階が殺風景な寄宿舎風の部屋に割られ、襖《ふすま》で仕切られている。いまは団体参詣客の宿泊にもちいられるが、明治ごろまでは諸国から勉学にのぼった学生（所化《しょけ》）がごろごろしていたという。かれらはその院の勤行と雑役をしながら、大学林にかよったのであるが、大学林のない時代は、それぞれの院の院主が、毎日午前中は大広間で講席をひらいて、会下《えか》の衆に教授をおこなったのである。会下というのは、この講席を講会《こうえ》とか会《え》というところから、講坦の下にすわって教授をうける学生という意味である。

高野山には「高野の昼寝」という諺《ことわざ》があって、血気あふれる学生たちも、女人禁制、碁・将棋・音曲禁止、飲酒御法度というきびしい山規のなかでは、勤行・雑役・講席がすめば、昼寝でもするよりほかに手はなかったものであろう。しかしこの諺は別の意味があって、高野山では別に講席に出たり、大学の講義に出席したりしないで、ごろごろ昼寝していても、山の雰囲気でいつの間にやら学者になってしまうというのである。ネトライキの大先輩である。そして有名大学の卒業生のように、高野山に四年おりましたというふれ込みで、地方の寺院に住職すると、やんごとなき大徳としてむかえられるという意味をふくんでいる。

中世から近世にかけての講席の講義は、経典、論疏《ろんしょ》をテキストにして、講義を行間や上下の空欄に朱と墨で書き入れる方式と、今日の大学の講義のように、口述されるのをノートにとる方式とがあったようである。書き入れたのは書入本として、ノートは聞書《ききがき》として、たくさんのこっている。ノート式は角帽とともにヨーロッパ中世の大学の遺風といわれているが、日本にもはやくからおこなわれていたところをみると、やはり便利なものだったに違いない。とくにおもしろいのは、いろいろの速記風の略符合が工夫されていて「ササ《ささ》」は菩薩《ぼさつ》の略符、「ササ《ささてん》」は菩提《ぼだい》の略符など、現今の仏教大学の学生も日常使用しているものがすくなくない。

三

さて高野山にうまれた最初の大学生は三業度人《さんごうどにん》といって、毎年三人ずつ官費生として採用されたものであった。毎年のことなので年分度者《ねんぶんどしゃ》ともいうが、十年たてば学生は三十人となり、三十年で九十人となるほど小規模のものである。三業というのは金剛頂経《こんごうちょうきょう》の専攻と、大日経の専攻と、声明《しょうみょう》という仏教音楽と悉曇《しったん》（サンスクリット）の専攻との三専攻をさすものである。

その入学試験は、それぞれ専攻科目について十問の出題に五問以上の正解を合格として、採用後は六年（一説には三年）のあいだ籠山《ろうざん》して、毎年春と秋の二回の伝《でん》法会《ぼうえ》でディスカッションに合格しなければならない。すなわち大学生はこの伝法会をめざして、日々の研究をおこたりなくつとめるのである。そしてこのディスカッションに失敗すれば、即時退学下山しなければならなかったといわれている。

空海のひらいた真言宗では、この種の伝法会が高野山のほかに、京都の東寺にもあった。いやむしろ、東寺の伝法会の方がはやく開設されたのである。というのは高野山の三業度人は承和《じょうわ》二年（八三五）におかれたが、東寺の定額僧《じょうがくそう》五十口《く》は弘仁《こうにん》十四年（八二三）におかれたからである。しかし東寺の経営が困難になるとともに、定員二十四口《く》に減らされた。

かれらは僧房に寄宿していたが、僧房には女人を入らしむべからずとか、僧房内において飲酒すべからずというような窮屈な規定があった。もし女人がなにかの使に来ることがあれば、戸外に立って応対し、長時間話してはならない。飲酒には特例があって、治病の人には塩酒《えんしゅ》を瓶子《へいし》以外の器に入れて、茶にそえてひそかにもちいることがゆるされた。塩酒というのは塩を入れた酒であろうが、いまも寺で般若湯《はんにゃとう》を薬罐《やかん》に入れてもちいるのは、「瓶《へい》にあらざるの器《うつわ》」ということなのだろう。ところで東寺の定額僧も、伝法会において研究発表をおこなうことになるが、東寺伝法会の開設をのべるためには、綜芸種智院の経過を説明しなければならない。

綜芸種智院は平安時代の私立大学のうちで、特権階級以外の庶民子弟の入学をゆるした、唯一の大学であったことはだれでも知っている。しかしそれよりもこの大学の「建学の精神」は、今日の仏教大学の社会的使命に、きわめて共通するもののあることに注目したい。というのは、それは僧侶《そうりょ》養成機関であるよりは、仏教精神による社会教育の大学であった点にある。いわばミッションスクールの大先輩である。しかも学生は僧俗共学で、僧侶も世間一般の学問である儒教、道教を一般教養としてまなんだ。これは社会に眼をひらいた空海の、すばらしい教育的ヴィジョンだったとおもう。

今日の仏教大学は僧侶養成機関と社会的専門教育機関との双方の使命を背負わされているところに問題がある。それは押し付けと中途半端の同居ということになる。すなわち僧侶養成としては中途半端であり、社会教育としては特定宗教の押し付けというわけである。これにたいして空海のアイディアは、僧侶は僧房に住んで講堂での仏教や真言学の講義と実践をきびしく指導され、伝法会でその成果を発表する。兼ねて、好むものは綜芸種智院で一般教養を積み、社会的な活動を準備する。したがって綜芸種智院は社会教育とミッション教育に専念するとともに、兼ねて僧侶の教養をたかめることができる。

空海の『綜芸種智院式并序』はこの大学の建学の精神と、大学の構成をのべたものであるが、コースを「道人伝受」と「俗博士教授」に分けている。前者は経論などの仏教学コースであるが、俗士(俗人学生)で経論をまなばんと欲するものには、貴賤《きせん》をえらばず、宜しきにしたがって指授せよといい、後者は一般教養コースで儒教、道教、史学、詩文、書道などを、俗人教授が貴賤貧富を論ずることなくさずけるのである。

しかし空海はむなしく建学の精神を呼号するのでなくて、この理想教育の実現には物質の裏付けが必要だとのべている。

夫《そ》れ人は懸瓠《けんこ》にあらずとは孔丘《こうきゅう》の格言。皆食住に依るとは釈尊の所談《しょだん》、然れば則ち其の道を弘めんと欲すれば、必ず其の人に飯《はん》すべし。若しは道（僧侶のこと）、若しは俗、或は師、或は資（学生のこと）、学道に心ある者は、並びに皆質《ただ》し給せよ。

とあって、僧と俗と師と弟とそれぞれに相応する給与があたえられた。これは仏教大学経営者のしばしばおちいりがちな、抽象的な精神主義や、空虚な観念の遊戯にたいする、明快な警告である。そしてまた空海の思想の具体性とともに、彼の私度僧時代の苦労のたまものということができよう。

しかし空海とても魔術師ではないから、その経営費をそうたやすく生みだすことはできない。そこでこれを貴賤大衆の「国を益し、人を利する意《こころ》ある人」の零細な喜捨にまつこととし、その勧進文として起草したのが『綜芸種智院式幷序』だった。

まずその学舎は東寺の東隣、すなわち左京九条に二町余の邸《やしき》をもっていた従参議《じゅさんぎ》藤原三守《ふじわらのみもり》（のちに右大臣）の宅を寄附された。そしてまた若干の田園の寄進もあったようであるが、毎年の経常費を不安定な大衆の喜捨に依存することは容易なことではない。その悩みは空海も今日の私学経営者もおなじことだとおもう。しかしそれも創立者空海の生存中はなんとかしのげたかもしれないが、その入寂とともに財政は破綻《はたん》してしまう。

すなわち空海入寂から十年をへた承和十二年（八四五）に、東寺とともに綜芸種智院を譲られた実恵《じちえ》は、種智院の敷地建物を売却して、銭一千四百貫文で田畠を買った。これが有名な丹波《たんば》国大山庄で、この庄園から徴収される年貢をもって、東寺は真言僧二十四口《く》の伝法会をつづける費用とした。

これは空海の大学教育への崇高な理想が、二十余年で敗北したことを意味する。そして庶民に開放されたこの大学は、ふたたび伝法会という真言学生だけの、閉鎖的な教育機関に逆もどりしてしまった。東寺伝法会はそれから二年後の承和十四年に開会されるが、そのときの実恵の表白文《ひょうびゃくもん》では、この当時の諸寺はみな庄園を買得し、その収入で伝法会をおこなっているから、東寺もそれにならうだけだとのべている。大学の安定した経営に基本財産が必要なことはだれでもみとめるところだが、そのために仏寺が社会にたいして果すべき教育活動を放棄しては、何にもならない。それは、その後の東寺がいたずらに独善的な煩瑣《はんさ》哲学の殻にとじこもり、修法によって権力に奉仕するだけの寺になったことの原因になっている。しかしこの伝法会は院政期まで二百余年継続して維持されたらしいが、康和《こうわ》二年（一一〇〇）の東寺文書では、大山庄の年貢未進のため中絶した。

白河上皇はこれを惜しんで天仁《てんにん》二年（一一〇九）に御室《おむろ》仁和寺の方で伝法会を再開し、学生（学衆）三十人に院の近臣の公卿をくわえて講義がおこなわれた。この仁和寺伝法会の学長にあたるのが学頭《がくとう》で、建久《けんきゅう》九年（一一九八）にも学頭の補任がおこなわれているから、鎌倉時代まで継続したものであろう。

四

一方高野山は平安時代を通じて東寺の末寺であったから、三業度人の試験を東寺伝法会でおこなう場合もあった。しかし空海の廟《びょう》のある霊場の矜持《きょうじ》から、高野山はその独立性を主張しつづけ、高野山伝法会も独自の組織をもっていたらしい。この組織は空海の入寂後、高野山の経営にあたった真然《しんぜん》の『伝法二会式目』にあらわれており、春季の修学会と秋季の練学会にわかれていた。修学会は三月一日から二十一日まで三週間開講され、金剛頂経業、大日経業、声明業の三コースの伝授がある。学生はそれから秋の練学会までのあいだ、この伝授をもとに止宿の院主からの講義とあわせて研究をかさねる。伝授はいわば宿題で、ホームタスクの期間がひどく長いのでいわゆる「高野の昼寝」もできたのだろう。秋の練学会開講は十月五日から十八日までの二週間であるが、「前に受学する所の経論の謬《あやまり》を糺《ただ》し、邪を正す」とある。すなわち期末試験である。しかも、講法談義の間は、骨肉と雖《いえど》も、門人に非《あらざ》るに於《おい》ては、座に交ふべからず。

と規定されたのは、真言教学が密教といわれるような封鎖的学問だったためか、あるいはカンニングをふせぐためだったか、その理由はあきらかでない。しかしこの規定はのちに高野山の学園騒動をおこす起爆剤になったのだから、記憶しておいてよいであろう。

真然は高野山伝法会の維持費として、貞観《じようがん》十八年（八七六）に紀伊の伊都《いと》、那賀、名草、牟婁《むろ》の四郡に、水陸田三十八町を買得して伝法会料田とした。ここでも基本財産ができたわけだが、ここからあがる年貢は凡《およ》そ百人ぐらいの学生（学侶）の一年間の給費を保証できたともおもわれる。

しかし高野山は真然の入寂後、延喜《えんぎ》十六年（九一六）に三十帖策子《さんじゆうじようさつし》事件で、無空律師にひきいられた学生は、院宣《いんぜん》への抗議デモとストライキをおこなった。その結果、高野山僧は一人のこらず下山して、伊賀国にたてこもり、無人の高野を現出することになる。これが高野山の第一回の荒廃時代であるが、その復興後も正暦《しようりやく》五年（九九四）の全山焼亡と国司横暴のため、二十二年間の無人荒廃時代があり、伝法会はすっかり廃絶してしまった。

この第二回荒廃を再興したのは無学の一修行僧、祈親《きしん》上人定誉《じようよ》（持経《じきよう》上人とも常照上人ともいう）である。かれは長谷寺観音の夢告《むごう》をうけて高野山にのぼったという。そしてすぐに奥の院廟前に不滅の法燈をかかげて誓願を立て、多くの弟子を勧進にもちいて復興に着手した。関白道長の高野山登拝はこの復興事業を促進するため、京都小野の仁海《にんがい》僧正と結託した彼の策謀の成果と見ることができる。これをきっかけに高野山へ摂関、上皇がぞくぞくとおしかけることになる。かくて高野山は倍旧の復興をたちまち完成するが、勧進と造営に従事した無学の聖《ひじり》たちの勢力が増大し、大学などは無用の長物になってしまった。

無学の聖には二つのグループがあり、一つは夏衆《げしゆう》（供花衆《くげしゆう》）とも客僧ともよばれ、大峯修行などで腕力と験力をたくわえた山伏的行人《ぎようにん》集団で、やがて学園騒動に外人部隊としてゲバ棒をふるう連中である。もう一つのグループは勧進のために諸国をめぐりながら高野山と弘法大師の霊験を宣伝し、山にかえれば念仏者、遁世《とんせい》者として別所を形成する高野聖《ひじり》集団である。この聖集団は院政期のはじめに小田原聖《ひじり》教懐という念仏者を中心に団結していた。たまたま白河上皇の御登山のとき、聖の頭目、三十口《く》聖人の補任《ぶにん》権と、庄園の施入を獲得して高野山内の勢力を増大した。学園騒動はこのような外郭団体を背景に展開されるのである。

こうした不安定な勢力関係のなかに、伝法会の復活をはかる第三勢力の台風の目がとびこんで来る。これが稀代《きたい》の秀才、正覚房覚鑁《かくばん》である。彼は十三歳で仁和寺の僧となり、南都に遊学していたが、永久二年（一一一四）二十歳のとき高野山にのぼった。彼の入山の目的はあきらかでないけれども、彼がはじめ身をよせたのは高野聖集団の東別所にあたる、往生院の阿波《あわ》上人青蓮《しょうれん》の坊だったところをみると、念仏に心をよせていたことがわかる。彼はのちにこの往生院の近くに私の念仏堂である密厳院《みつごんいん》をつくり、高野聖集団を自分の味方につけてしまう。

しかし彼はただ念仏だけに満足して遁世してしまうにはあまりにも覇気《はき》があり、理想にもえ、知識欲が旺盛《おうせい》だった。そこで二十六歳のとき山を下って仁和寺、醍醐《だいご》寺、園城寺などで真言の事相教相の研究をすすめ、密教事相では東密と台密を総合した伝法院流の一派をひらくまでになった。そして真言教相、すなわち教理哲学の研究の場として、高野山に伝法院という名の大学をあたらしく開設したのである。

しかし常設の大学として伝法院の建物をたて、ここに学衆をおいて研究と教育にあたるためには、経済的な裏付けがなければならない。伝説によると、覚鑁は伏見稲荷《いなり》にもうでて、その夢告によって紀州吉野川あたりに行くと、紀州石手《いわで》庄の券契《けんけい》を拾得することができた。この庄の領主、平為里《たいらのためさと》はこの奇瑞《きずい》に感じて庄園を寄進したのが、根来《ねごろ》寺の発祥であるという。その真偽はともかくとして覚鑁が石手庄の地《ち》子米《しまい》と、鳥羽《とば》上皇の庇護《ひご》と、高野聖の後援によって伝法院をたてたことは事実である。大治《だいじ》五年（一一三〇）にまず小伝法院が完成して、学衆三十六口《く》をおいた。すると覚鑁の名声に四方からあつまる学生が多くなったため、大伝法院の建築にかかった。その落成は二年後の長承《ちようしよう》元年（一一三二）のことであったが、鳥羽上皇はわざわざこれに臨席し、紀の川筋に石手、弘田、山崎、岡田、山東、相賀、志富田《しぶた》の七庄を、ながく伝法会維持費として寄進した。

伝法院は高野山にはじめてできた常設の大学である。学生は宗教的実践と教理研究をおこなうが、とくに春季五十日間の修学会と秋季五十日の練学会を伝法大会《でんぽうだいえ》といった。平安初期の真然《しんぜん》時代の伝法会を拡大したものである。これはやがて真言宗大学林から現在の高野山大学へと発展することになるが、覚鑁を教祖とあおぐ新義真言宗の智山派では、いまも京都の智積院で伝法大会をおこなっている。

五

高野山伝法院の位置は、現在の高野山の総本山金剛峯寺のある位置で、全山の枢要の地を占めた。現今はこの金剛峯寺の前庭に覚鑁池という小さな池をのこすにすぎないが、この時代には大小の伝法院の学舎のほかに、覚鑁の弟子、兼海の建てた覚皇院《かくこう》の八角二階堂の壮大な建物もあった。現金剛峯寺の東の道を覚皇《かくこう》坂というのは覚皇院の名残りである。

これにたいして従来の高野山一山を総括する金剛峯寺は伽藍坦上《がらんだんじよう》内にあって、根本大塔の下、現今の大会《だいえ》堂の位置であった。そして高野山の伝統教学は、祈親上人定誉が育成した明算という大秀才を中心に、良禅、琳賀、兼賀、行恵、真誉などの学僧が出て、しだいに盛返しつつあった。したがって大伝法院と金剛峯寺はライバルの関係に立たざるをえなかったのである。

しかもこの金剛峯寺と大伝法院は目と鼻の近距離にある。そして覚鑁は高野山伝統の教学に反する新義をうち立てていた。その詳細はここにのべるいとまはないが、絶対者、唯一者、第一原理としての法身《ほっしん》大日如来は説法するかどうかという論争で、するどく対立した。しかし私をしていわしむれば、加持身説法《かじしんせっぽう》説を出した覚鑁の新義は、目の前に中世の夜明けをむかえたこの時代に、理解されやすい学説だったといわなければならない。それは矛盾をふくみながらも常識的だったということで、真言教学を時代に適応させようとしたものだといえよう。

覚鑁は真言宗を激動する時代に適応させるために、もっとすすんだ方法をとった。それは真言と念仏の結合である。これはのちに真言念仏という名で理論化され、高野聖の念仏理論となるのだが、覚鑁は大日如来と阿弥陀如来は同体であり、大日の密厳浄土は阿弥陀の安養浄土とおなじだといいだした。まあそういえばいえないこともない、という程度にしかその合理性のないこの説を、覚鑁がうちたてたのも、念仏盛行の中世の胎動を感知したためであろうし、あわせて高野山に勢威を張るには、高野聖を味方につける必要があったからである。

大伝法院と金剛峯寺の対立は、ついに大伝法院が「門徒に非ざるの人は聴聞することを許さず」という立札をたてて、金剛峯寺方の学生の聴講をしめ出したことによって、破局をむかえた。ちょうどこのころ覚鑁は外来者であるにもかかわらず、院宣をたのんで金剛峯寺座主《ざす》に就任し、骨肉の弟、信恵を執行職《しゆぎよう》に任じたので、これに憤激した金剛峯寺と東寺の僧八十七人が署名した抗議文を鳥羽上皇にさしだし、覚鑁の横暴をうったえたときであった。上皇はやむをえず覚鑁の座主を停止したから、覚鑁は念仏堂の密厳院に入って入定と称して誰にも面会しなかった。しかしこれも弘法大師の入定に擬《ぎ》するのは僭越《せんえつ》だといって、保延《ほうえん》六年（一一四〇）十二月七日、金剛峯寺は例の腕力のつよい行人と庄園の武士の外人部隊をくわえて大衆団交におしかけ、密厳院と大伝法院を包囲する形勢となった。

ことここにいたって覚鑁はついに立ちあがり、機動隊導入に代る武士の応援をもとめた。これはかねて覚鑁と六条判官源為義《みなもとのためよし》と師檀《しだん》の契約があり、万一のときは援助すると約束していたからである。しかしこの機動隊導入の報でますます怒った金剛峯寺は、為義の援軍到着の前に、密厳院と大伝法院に乱入した。このときの双方の勢力は不明であるが、衆寡敵せず、高野山からのがれ下った伝法院方の学生が七百余人だったというから、金剛峯寺方は数千の勢力だったこととおもわれる。

密厳院に乱入した山僧は覚鑁をもとめて堂内に入ると、覚鑁の姿はなくて不動尊が立っているのみだった。これはくさいと不動尊の膝《ひざ》に錐《きり》をさすと血が流れたといい、いま密厳院には錐揉《きりもみ》不動がある。

それはともかくとして覚鑁は七百余人の学生にまもられて、山を下り、かつて平為里《ためさと》から寄進をうけた石手《いわで》庄の根来に避難して、ここの豊福寺をあらためて根来寺をひらいた。ここに真言宗の分派、新義真言宗がたてられることになったのであるが、その後高野山では大伝法院と金剛峯寺の和解の事後処理もつづけられていた。しかし覚鑁は高野山帰住の院宣をうけてもこれに応ぜず、康治《こうじ》二年（一一四三）に示寂した。

この和解運動が実をむすんだのは仁安《にんあん》三年（一一六八）のことで、正月十一日の伝法院修正会《しゅしょうえ》に金剛峯寺も参加することになったが、伝法院座主以下三綱《さんごう》、行道《ぎょうどう》衆《しゅう》が流行の華美な裳袈裟《もげさ》をつけて出たため、金剛峯寺の学生はこれに抗議し、和解の合同法会はたちまち修羅の巷《ちまた》と化した。まず最初暴力をふるったのは伝法院側の学生で、斧《おの》と刀で金剛峯寺側の二人を殺害、五、六人に手傷を負わせた。これにたいして金剛峯寺側は行道衆をとらえて裳付衣の裳を切りすてるにとどめたので、この事件はながく裳切《もきり》騒動と称して記憶されることになった。この衝突の責任は双方にありということで、伝法院側は山を追われ、金剛峯寺の検校《けんぎょう》・上綱は薩摩《さつま》、対馬《つしま》、壱岐《いき》に流された。

この事件を最後として、新義、古義は袂《たもと》を分って現在にいたったのであるが、根来には新義の大伝法院ができるとともに、高野山には後白河上皇によって安元元年（一一七五）に大伝法会が再興され、その学舎は鳥羽上皇の皇女、五辻斎院《いつつじさいいん》頌子内親王の寄附した蓮花乗院がこれにあてられた。これは長日談義所ともいわれたから、常設の大学の機能をはたしたものとおもわれる。この蓮花乗院造営にあたって監督と募財勧進をうけたまわったのは西行法師で、彼は大学事務局長ぐらいの役割をはたしたのである。

この高野山学園紛争の結果、根来と高野にわかれた両大学は、それぞれ独自の教学と歴史を展開しつつ、現在の大正大学と高野山大学に分れて存続しているのである。

Ⅱ——年中行事と民俗

正月のオコナイ

一

ちかごろは大分すたれたようだが、年のはじめに寺々でもよおすオコナイは、村落生活には大切な行事であった。寺ではこれを修正会《しゅしょうえ》（または修二会《しゅにえ》）とよぶが、村人はむかしからしたしみぶかいオコナイの名でよんでいる。

このオコナイを見ると仏教というものが年中行事をとおして、いかにふかく村落社会の奥ふかく滲透《しんとう》しているかを見ることができる。われわれはそこから今後の仏教のあり方に一つの暗示をうけとるべきであろうとおもう。

オコナイがいまや急激に衰退しつつある原因は、一般に宗教そのものにたいする社会通念の変化もあるが、一つには僧侶《そうりょ》側のこの行事にたいする不熱心も指摘せねばなるまい。仏教の近代化をとく青年僧侶たちのいさましい議論には大いに傾聴すべき点もある。しかし個人の宗教的自覚とか、観念的な世界観、人生観の問題だけをとりあげて、仏教のもつ社会的な機能をはたす年中行事の意義をわすれてはなるまい。年中行事はかつては、村落共同体の安全と幸福をまもる共同祈願の祭であった。これが家々の祭となっても、同じ日に同じ神をまつり同じ食物をつくることによって、共同体の一体感をたしかめて来た。やがて仏教が入ってからも日本独特のゆたかな季節感とともに、ほのかな宗教的雰囲気でわれわれを包んで、死ぬまで寺や仏からわれわれの想念をはなさない。

スティーヴンソンの短篇小説『マークハイム』では殺人をおかした凶悪な犯人は、折からなりだした教会の鐘の音で少年時代の祭の縁日の光景をおもいだし、やがて自分の犯した罪を自覚する。このような形で年中行事にむすびついた宗教のうけとり方は、頭よりは皮膚からうけとられたものだから、生涯消え去ることはない。年中行事をとおして郷土愛をたかめ、季節感覚を通して皮膚から吸収される宗教こそ、村落社会の精神的基調をなすもので、その没個我性や通俗性の故に軽視さるべきものではない。

ところが青年僧侶たちは仏教化した年中行事も面倒くさいというばかりでなく、オコナイのときなんのために大般若経《だいはんにゃきょう》をよんだり、机をたたいたり、堂内を走ったりするのかわからぬ、という合理主義的判断から、また老僧たちはどうも物入りばかり多くて引合わぬという実利主義から、しばしばこの宗教伝道のチャンスを逃がしてしまうのである。なおいえば、このような年中行事にたずさわるものは厳重な精進潔斎の前行が要求されるのであるが、このまたとない真剣な宗教的実践のチャンスもあわせて逃がしてしまう。私は寺々の由緒ある正月のオコナイを拝見するたびに長嘆息するのはこの点であって、口先でする布教や、金にものをいわす社会事業ももちろん大切であるが、身をもってするオコナイ（修法）もこれにおとらぬ布教であることを強調したい。

二

オコナイということばはおそらく修行とか行法とかいう意味で、正月のオコナイは年頭の共同祈願の意にほかならない。『今昔物語集』（巻十九第二十一）に、

今昔、比叡ノ山ニ有ケル僧ノ、山ニテ指《させ》ル事无《な》カリケレバ、山ヲ去テ本ノ生土《うぶすな》ニテ、摂津ノ国ニ□ノ郡ニ行テ、妻ナド儲テ有ケル程ニ、其ノ郷ニ自然《おのづか》ラ法事ナド行ヒ、仏経ナド供養スルニハ、多クハ此ノ僧ヲ呼懸テ、講師ナドヲシケリ。才賢キ者ニハ无《な》ケレドモ、然様ノ程ノ事ハ心得テシケレバ、修正ナド行ニモ必ズ此ノ僧ヲ導師ニシケリ。其ノ行ヒノ餅ヲ此ノ僧多ク得タリ。（下略）

とあり、また平安時代中頃、永観《えいかん》二年（九八四）に源為憲《みなもとのためのり》あらわすところの『三《さん》宝絵詞《ぼうえことば》』（下巻）の修正会の部には、

オホヤケハ、七ノ道ノ国々ニ、法師、尼ニ布施ヲタビテ、ツトメテイノラシメ、

私ニハモロ〳〵ノ寺々ニ、男女ミアカシヲカヽゲテアツマリオコナフ。……身ノ上ノコトヲ祈リ、年ノ中ノツヽシミヲナスニ、寺トシテオコナハヌハナク、人トシテキヨマハラヌハナケレバ、年ノハジメニハ国ノ中ニ善根アマネクミチタリ。

とあり、いかに修正会が村々に普及していたかを知ることができる。またオコナイのための潔斎が必要であったこともあらわれており、それは今でも村オコナイにつづいている。村人はこのようにしてはじめて正月をむかえることができたのであって、古代から中世にかけての正月行事はきわめて仏教的色彩が濃厚だった。同じく『三宝絵詞』の修二会の部には、

此月ノ一日ヨリ、モシハ三日、五夜《ごや》、七夜《しちや》、山里ノ寺々ノ大ナル行也。ツクリ花ヲイソギ、名香ヲタキ、仏ノ御前ヲカザリ、人ノイルベキヲイル、コト、ツネノ時ノ行ニコトナリ。

とあるから、今の東大寺お水取りのように造花をかざり、香をたき、壇供《だんぐ》（鏡餅《かがみもち》）で仏前をかざって豊作の予祝をしたのである。それ故、国家的な寺院の年頭の祈禱《きとう》ばかりでなく、村落の寺々で庶民参加のもとにおこなわれる年頭仏教行事がオコナイであった。すくなくとも私のしらべたかぎりでは、現在この語で年頭仏教行事をよぶのは、近畿地方と中国地方と中部地方に多い。

たとえば大和《やまと》野迫川《のせがわ》村弓手原《ゆではら》（奈良県）では徳蔵寺（今は無住の地蔵堂）で正月三日にオコナイがある。ここでは他のオコナイにも多い鬼踊があり、村人が床をふんで大きな音をたてるので「シシオイノオコナイ」ともいわれる。高野山安養院から役僧が出向いて修正会法要を修するのだが、この行事はむしろ村人の「籠り」と鬼踊と牛玉《ごおう》加持にある。これに奉仕する若衆六人は村人の代表として大晦日《おおみそか》から厳重な潔斎に入り、四日の大般若がすむまで堂にこもる。注意すべきことは、この行事は村の鎮守、五村明神の御神体が小晦日（二十九日）に堂へ渡御して大晦日に一旦本社へかえり、正月二日にふたたび堂へ渡御してからおこなわれる。そして、四日の大般若がすむまで、御神体は地蔵菩薩《ぼさつ》の厨子《ずし》の中に同座される。おそらくもとは小晦日から四日まで御神体は堂の方に遷《うつ》っており、堂は鎮守神のお旅所の役をしたのであろう。このことは一般の修正会や修二会やオコナイ、シュシなどに共通の現象で、オコナイを「鎮守のオコナイ」ととなえるところもあるのはこのためである。

この行事の神仏混淆《こんこう》の意味は後にのべることとして、行事は三日の午前中に堂内のしつらえ、すなわち荘厳《しょうごん》――新穀の鏡餅、ケズリカケと造花、五穀の盛物、大榊《さかき》、ハゼの木の牛玉杖《ごおうづえ》など――がすっかりすむと「ミコの舞」からはじめられる。きわめて素朴な芸能の奉納である。夜に入れば村人が全部堂内につめかけたところで、僧侶の「修正会初夜導師作法」が修せられ、深夜に同じく「後夜導師作法」が修せられる。三十二相や神名帳《じんみようちよう》をよみあげるのは一般の修正会と同じであるが、神名帳の中で導師が「安芸《あき》の国のハナタバリ」といえば、村人はワーッと檀にとびついて牛玉杖をうばい、ケズリカケや造花をもぎとってしまう。最後に牛玉加持がおこなわれる。それが終って牛玉宝印を一同がいただくと、村人がみな立上って鬼踊となる。このとき村人の狂躁《きようそう》的興奮はクライマックスに達する。鬼踊は村人が裸足《はだし》で「チョンヤト、チョンヤト、チョンヤト」とさけびながら堂の床もぬけんばかりに、足を踏み且《か》つおどるもので、その騒音は耳が聞こえないほどである。数年前このオコナイが録音放送されたときは、鬼踊の足音は騒音の中にも素朴なリズムをもち、太古さながらの生々しい興奮がジカに感ぜられて印象的であった。しかし鬼踊の名称から想像すれば、もとは鬼の面をつけて踊る修正会であったろう。これは古くは鬼走りともよばれていて、呪師《しゆし》のおこなうところであった。

これをシシオイノオコナイなどとよぶのは、この鬼踊の騒音が実際に猪を追う効果があるという以上に、悪魔はらいの呪術的な意味があるだろう。しかも同様な名称が遠くはなれた備中《びつちゆう》、上房郡賀陽《かよう》町（現、岡山県加賀郡吉備中央町）黒山にもあるのは興味ふかい。ここのシシオイノオコナイは近年絶えたが、ここでは踊るのではなくて堂を叩《たた》くのである。この日村人はハゼの木の牛玉杖を手に手にもって堂にあつまり、堂内で法印さんが大般若経をあげている間に、赤土《はに》を堂の羽目板にぬって、そこを力のかぎり叩く。このように羽目板や床板を叩くオコナイを私は乱声型《らんじようがた》修正会と名づけ、鬼踊のように足踏するオコナイを鬼踊型修正会と名づけておるが、ともに騒音によって村落社会に災害をもたらす悪霊を追いはらうという、呪術宗教的な意義は同じである。

三

そこで鬼踊型修正会は比較的全国的に分布しているので、ここでは説明を割愛し、乱声型の修正会についてすこしくのべて見よう。

これが村落でおこなわれる場合は、播磨《はりま》多可郡方面では「ワラワラ」とよばれ、明石郡方面では「オトウ」とよばれる。大和、山城、近江《おうみ》方面でナンジョウとかダンジョウとかよばれるのは、乱声（ランジョウ）の訛《なまり》である。これはまたしばしば足踏（ダダ）と混合しているのでダダオシ（唯押）とよばれる場合もある。たとえば大和阪合部村（現、奈良県五條市大津町）念仏寺（だだ堂）の修正会は一般には「ダダオシ」とよばれ正月十四日におこなわれる。ここでは二匹の鬼が出てダダを踏むが、同時に後堂の二寸厚みの松板を、一本三貫目位の天秤棒《てんびんぼう》二本で青年が力まかせに叩きつづける。そのため厚い松板ももう大分うすくへこんでしまった。大阪四天王寺修正会結願の有名な「ドヤドヤ」、備前西大寺や美作《みまさか》安養寺や木山寺の

「会陽《えよう》」、越後《えちご》浦佐《うらさ》毘沙門《びしゃもん》堂の「堂押」などと同様に裸祭型修正会に属するが、奪い合って得た牛玉串で堂の柱などを叩きまくるのは乱声型の名残りである。

さてこれが諸大寺の修正会にどんな形で入っているかを見ると、大和法隆寺の修正会では参籠《さんろう》僧が法螺《ほら》をふきながら、あの飛鳥《あすか》時代の金堂の柱を叩いて走りまわったという。金堂壁画のいたみの原因の一つがこれだったというが、金堂炎上後の今日では講堂の柱や後堂の板や台を叩く。同じ寺の西円堂修二会は黒、赤、青の三鬼と、毘沙門天の出る鬼踊が、二月三日節分の結願日におこなわれるので、寺では追《つい》儺《な》会《え》とよんでいる。これは金堂修正会とちがって村人の参加するオコナイなので、数千の人が西円堂をとりかこみ、僧侶の作法が終って鬼が堂のまわりを走り出すと、大鐘や法螺や太鼓が、耳が聞こえないほど打ちならされる。そして興奮した群集の上に、鬼が松明《たいまつ》のもえさしを投げると、それを奪い合って魔除けにする。法隆学問寺にふさわしくない民衆的な祭である。

大和長谷寺の修正会結願（だだ押）も鬼が松明をもって堂のまわりを走る間、鐘や太鼓を乱打する。大和松尾寺や京都清水寺の修正会は、衆僧が般若心経《はんにゃしんぎょう》を声高にとなえながら、後堂の板を牛玉杖でたたく。観音さんや阿弥陀《あみだ》さんの肩叩きなどの俗称があるのはこのような後堂の板をたたくオコナイである。

東寺の後七日御修法はもと宮中の真言院でおこなわれた正月のオコナイの横綱格

で、真言宗第一の大法といわれるが、結願の最後に「香水加持《こうすいかじ》」を終って牛玉杖（加持杖）をバタバタと床の上に投げることがある。私はこれに疑問をもっていろいろしらべて見たが、やはりもとは板敷を打ったものらしい。というのは『後七日法雑記』下の「香水加持時、大阿闍梨並伴僧法則事」の条に、

問、伴僧等打二板敷一置レ杖心何事。

として大阿闍梨は板敷を打ってもよいが伴僧は打ってはならぬ、としているのはすでに伴僧も打っていた証拠で『文永六年左大臣法印御房御記』には文治（一一八五—一九〇）頃には打っていたという。

末サマノ伴僧、依二文治記録一、打二板敷一置レ之、大略如二乱声一、可レ有二斟酌一歟云々。

とあるから私は文永（一二六四—七五）の頃はやはり板敷を打っていたものと推定する。これはまさしく「シシオイ」や「ワラウラ」や「オトウ」や「ダンジョウ」と同じで、真言宗の事相の研究にも、仏教民俗の研究が必要であることを立証するものではないだろうか。

最後に高野山金堂修正会では、心経行道《しんぎょうぎょうどう》に牛玉杖（福杖）をついて行道し、結願の牛玉加持に衆僧が牛玉杖でしずかに二、三回床をうつことがある。いずれもお上品すぎて物足りない。遠慮せずに叩きまくって、一汗かいてしかるべきであろう。

呪術宗教から出発して教理的には高度に発達した真言密教ではあるが、その行法にあたっては、粗野なまでに荒っぽい真剣さがあって、はじめて大衆にとけこむことができる。

以上のような例をあげればきりがないが、なお全国的にもっとも多い正月のオコナイとして大般若経転読をあげておこう。

大般若経の日本における信仰については別の機会にのべたいが、この経典が悪霊を追いはらう呪力ありと信ぜられたのは奈良朝時代のはじめからのことで、これを転読する作法がきわめて荒々しい声をはりあげ、経文（折本）ではげしく机を叩くことは周知のとおりである。その声は「般若声」といわれ、これにともなう呪師の鬼踊から般若面がうまれた。般若湯もおそらく酒が魔をはらうという呑助《のみすけ》の洒落《しゃれ》から出たものであろうが、とにかくこれが正月行事として転読される場合は、まさしく乱声型のオコナイであって、村落社会の一年の安全のために、災害の根源と信ぜられる悪霊を、村から追い出す呪術に利用されたのである。

四

正月のオコナイには以上のべた乱声型、鬼踊型、裸祭型のほかに、火祭型、花祭型、牛玉型などに分類されるが、今はただ乱声型を例にとってオコナイの一班をのべたのである。

しかし私があげたこの六つの型も実際はいろいろの形で混合し、変型して複雑化しているので、はじめの意味が不明になり、これを廃止してしまう寺が多かったのである。しかし、これが年のはじめにあたって、村落社会の結合と平和をねがう庶民精神を培って来たことはうたがいない。人々はこのとき老も若きも堂にあつまり、本尊を拝し、経をきき、僧の威儀に接するとともに、その共同社会の一員であることの自覚をあらたにする。

村の若い世代が教えずして因果の理を知り、想わずして宇宙の神秘にふれ、学ばずして祖先ののこした伝統と恩恵に感謝するのは、このような機会においてである。これこそたくまずしておのずからに成れる、宗教の広大無辺なはたらきではないだろうか。

ところが人あるいは説をなして、そのような正月行事などは一種の呪術宗教にすぎず、近代社会には存在の理由がないというかも知れない。しかし近代がいかに合理主義、主知主義の時代だといっても、宗教の本質にはかならず古代的な呪術性と中世的な神秘性が厳存する。これがまた真言密教の存在理由でもある。近代社会のいとぐちを開いたフランス革命でさえも、奇蹟と神をとくキリスト教を否定しながら「理性の崇拝」や「最高存在の崇拝」を立てなければならなかった。そして間もなくキリスト教（旧教）は復活したのである。

現代人は合理主義の行きづまりを感じ、それからの開放を原始的な神秘性や呪術性にもとめている。それがいまいわゆる密教ブームやオカルトブームになったといえよう。オコナイはたしかに原始的な社会をささえた呪術と共同祈願であった。いま近代文明と功利主義の前ではそれは無用なものとみえるかもしれない。ことに都市においてそうである。しかし村落社会をささえる健全な精神は、つねに伝統と宗教と共同性に裏付けされており、それが都市の精神的頽廃《たいはい》と崩壊の救いとなる日が来るであろう。したがってオコナイのような年中行事を、一時的な便宜とさかしらのために放棄することは、将来の生命のためにも悔をのこすことになろう。

ことに日本仏教の本質は日本固有の民族宗教との結合にあり、したがってこれとかたくむすびついて年中行事化し、庶民信仰化している。しかしその慣習化に安住して何もしないというならば、それは仏教の固定化、形式化につながる。むしろ年中行事を機縁として僧侶は宗教的実践にはげみ、また大衆に仏教へ結縁させなければならない。このようにしてこそ、自利利他円満の菩薩行となるであろう。

しかし年中行事のような民族の精神的遺産を生かすには、その宗教行事や年中行事の宗教的本質が何であり、社会的機能がどんなものであるかをしっかり把握しておかなければならない。そしてこれを実践するには精進潔斎等の前行を真剣におこない、とぎすまされた精神力をもって、共同体の安穏と繁栄をいのる必要がある。いかなる鬼神も人の心のまことにはうごかされるように、真言密教の奇蹟はかならず現前するにちがいない。

裸踊り

京都伏見の日野法界寺は、平安末期のすぐれた阿弥陀堂《あみだ》でよく知られているのに、京都にめずらしい粗野で勇壮な裸踊りがあるのを知る人はすくない。これは正月十六日という京都の底冷えの一番こたえる季節の、しかも夜中におこなわれるために、あまり人があつまらないせいかもしれない。しかし、京都の古都としての情趣は冬枯の季節がすばらしいし、見る人もまばらなお堂の広縁で、数十人の小人数の裸男がワッショイ、ワッショイと押し合う光景は、かえってこの寺と行事の古さをしみじみと味わわしてくれる。

京都に住むものにとって観光の人と車が狂気じみてうごきまわる春と秋ほど、いやな季節はない。北山時雨《しぐれ》が来て冬がはじまり、底冷えと牡丹雪《ぼたゆき》で人影がまばらになると、北山も西山も伏見も、そして京都そのものが、本来の姿をとりもどすのである。だから粉雪の落ちるような夜の伏見で、あまり有名でない行事にあつまるのは、よほど熱心な信者か、寺の近所の年寄り子供ぐらいということになる。

本来この行事は、有名な阿弥陀堂の行事ではなくて、この寺の本堂である薬師堂の修正会《しゆしようえ》なのである。したがって薬師如来《によらい》に平素の罪障を懺悔《ざんげ》して、あたらしい年の健康をいのる薬師悔過《けか》法をおこない、この薬師如来の御分霊としての牛玉《ごおう》宝印を信者に授ける行事である。ここの牛玉宝印は乳の出ない女人に効があるといって、離乳のやかましくない時代には、婦人が大勢あつまったのである。

牛玉宝印は紙の刷物に薬師如来の種子《しゆうじ》（梵字《ぼんじ》）の朱印を押して、四〇センチぐらいの串《くし》に插してあるから、牛玉串ともいう。これをもとはお堂の縁から群集に投げあたえたので、これを奪い合うために裸で押し合うのだといわれている。岡山県西大寺の会陽《えよう》や、新潟県浦佐毘沙門堂（普光寺）の堂押《どうおし》などは、これを奪い合う裸が数万人もあつまるようになったマンモス裸踊だが、実は牛玉（宝木《しんぎ》ともいう）を投下する前に裸でワッショイ、ワッショイと押し合いをする足踏に、むしろ大きな意味がある。

会陽ではこれを「地押し」といって、寺の庭の真中の、相撲の土俵のような四本柱の中で四股《しこ》をふむ。その足踏の地響きは四国までもきこえるというくらいの威力で、国土から悪魔を追いはらうのである。これが修正会の効果を大ならしめようとする裸踊りの意味である。だから大阪四天王寺の正月十四日の修正会結願の裸踊りは、俗称「どやどや」というように、床をふみとどろこして押し合いをする。

法界寺の裸踊りはまことにミニチュアな地押しであるが、二人ずつ背中合せになって両手を頭の上で合掌し、「頂礼々々《ちょうらいちょうらい》」といいながら、押しくら饅頭《まんじゅう》のように、はげしく床を踏む。これがほんとうの裸押しというもので、一切の罪と穢《けが》れを追いはらうのにふさわしい。いまも寒中というのに裸で水垢離《みずごり》をとってから押し合うのである。そのうちに薬師堂の中では十数人の僧尼による修正会がとりおこなわれ、牛玉加持行道では衆僧が薬師堂の縁を牛玉杖をもってまわる。その杖のほかに仏前には牛玉串がそなえられていて、裸押しで熱中している群集の上に投げられる。それをひろえば幸運があるといって争って取るが、これは民俗資料としても珍しいものである。

すべての法会、あるいは民俗行事というものは、かくのごとく素樸《そぼく》で真剣であった。踊りと牛玉串投げが終わって家路をいそぐ人々の手には、牛玉串が大事そうに持たれ、人の去った暗い庭には、粉雪が舞うばかりである。

節分の鬼と豆

京都の節分は壬生寺《みぶでら》と吉田神社と廬山寺《ろざんじ》をめぐって厄《やく》をおとすという。

この日壬生寺では終日狂言堂で、狂言「節分」がもの憂い鉦《かね》の音にあわせて、無言で演じられる。厄年の人は厄除の炮烙《ほうらく》に年と名前を書いて奉納するので、狂言堂には炮烙が山のように積まれる。

「節分」という狂言は節分の夜に独り住居の後家さんの家に、鬼がしのびこむところからはじまる。後家さんはサービスよろしく酒をのませて鬼を酔いつぶし、打出の小ヅチとかくれみのを取りあげる。そのあげく豆を打って鬼を追い出してしまうという筋である。間抜けた鬼がきりきり舞いをしながら、豆に追われて花道をさがると、鉦がまた追いかけるように急調子になりだして、人々は笑いこけながら溜飲《りゅういん》をさげる。

吉田神社はちかごろの発想で、黄面四目の面をつけ朱裳に楯鉾《たてほこ》をもった方相氏《ほうそうし》が、赤鬼・青鬼を追いまくる。しかし平安時代には方相氏の追儺《ついな》ということはあったが鬼を追うことはなかったのである。

紀貫之《きのつらゆき》が『土佐日記』に書いているところでは、イワシならぬ「なよし」（鯔・いな）の頭と柊《ひいらぎ》を門口に插したらしいが、鬼も豆もなかった。鬼は平安時代の末の『中右記』に、大治《だいじ》五年（一一三〇）正月の円宗寺修正会鬼走《しゅしょうえおにはしり》としてでるのがふるい。そのころは鬼とともに龍天や毘沙門天もでるのだが、鬼と毘沙門天がはしる形は奈良の薬師寺と法隆寺の修二会《しゅにえ》にいまものこっている。

節分の鬼というのはこの仏教年中行事の、修正会と修二会の呪師《しゅし》芸からおこった。この鬼はべつに悪者ではなくて、逆に悪魔払いや厄払いの修法をしたのである。今日のように鬼を追いはらったら、悪魔がはびこって手がつけられなくなる道理である。

豆を打つということも、室町時代のはじめの応永《おうえい》三十二年（一四二五）の『花営三代記』にみえるのがはじめらしく、「節分大豆役、昭心、カチグリ打、アキノ方、申ト酉

薬師寺花会式の毘沙門天
（奈良市）

ノアイ也。アキノ方ヨリウチテ、アキノ方ニテ止」とあり、鬼を打つことはない。しかしそれから間もなくできた『塵添壒囊鈔《じんてんあいのうしょう》』は、節分に大豆を打つことは本説のないことだが、京都の北の入口すなわち旧鞍馬口《くらまぐち》にあたる美曾路池《みぞろがいけ》（深泥池《みどろがいけ》）の鬼穴を封じるために、三石五斗の大豆で鬼を打ったのがはじめだとのべている。

この鬼穴の伝説のある深泥池の鬼塚は、ちかごろ近くの某病院のテニスコートをつくるのにつぶされてしまった。それまではその付近の村人は、節分にはこの塚へ炒《い》り大豆を紙につつんであげにいったのだが、今は別の祠《ほこら》にあげている。愛知県岡崎市の滝山寺《たきさんじ》の鬼祭に、本堂の横の鬼塚に炒り豆をあげるのも、同じ意味であった。

京都の近郊では十九の厄年の娘は、大豆二十粒を紙につつんで体をなで、厄をこの豆にうつして、深夜人にみられぬように、道の辻へすててくる。私は今年もまだやっているだろうかと興味をもって、節分の翌朝はいつも辻へでてみるのだが、まだまだこの習俗はなくなりそうにない。これは村境の塚へすてにゆくのもおなじことで、むしろこの儀礼から塚が鬼塚などと名づけられたと見るべきである。

摂州三田の城主だった九鬼《くき》氏は、節分に「鬼は外」といわないことで有名だった。これは先祖が鬼だからと説明されているが、この夜、城主が正面にすわっていると、家老がすすみでて、炒り大豆をつつんだ紙で城主の体をなで、やがてこれを外へすてたという。豆は鬼を追いはらうためのものでなくて、厄をうつしはらうために体をなでてすてるものだった。

ところで鬼を先祖とつたえる家は、けっして九鬼氏ばかりではない。大和大峯の前鬼《ぜんき》村（現、奈良県下北山村）も後鬼《ごき》村（現、同県天川《てんかわ》村洞川《どろかわ》）も鬼の子孫とつたえ、紀州粉河寺の奥の中津川（現、和歌山県紀の川市）の村人は、鬼筋の修験者《しゅげんじゃ》として、紀州藩から名字帯刀をゆるされていた。但馬《たじま》香住《かすみ》町（現、兵庫県香美町）の旧家、前田家は節分の夜に「鬼むかえ」というかわった行事をする。奥座敷の床の間で「鬼の膳《ぜん》」をそなえ、「鬼の寝床」をしいておとめする。前田家の本家は、修験筋の小野木氏で三川《みかわ》蔵王《ざおう》権現の祭には前鬼・後鬼にふんして供奉したというから、これは節分の夜に祖霊をむかえまつる先祖祭だったことがわかる。

節分の年越は旧暦の大晦日《おおみそか》の年越よりも古い年越なのだが、大晦日に先祖の霊が鬼の姿でおとずれたことが、『徒然草』（十九段）の「つごもりの夜……なき人のくる夜とて、魂祭るわざは、この頃都にはなきを、あづまのかたには猶する事にてありしこそ、哀れなりしか」の文でわかるように、節分の鬼も、実は先祖の霊のおとずれであった。じつは先祖の霊が子孫の祭をうけにくるのであった。鬼を邪悪なものとした仏教の影響で、せっかく子孫の厄をはらってやろうと近づいたとたん、大豆をなげられて追いはらわれる。これは仏教が鬼を邪悪なものとしたためにおこった変化であった。

薬師寺の花会式

花だよりが新聞やラジオ・テレビに出るようになると、奈良では薬師寺の花会式《はなえしき》がちかづいてくる。南都諸大寺には「古き仏たち」が数多くおわすことは知られているけれども、この諸大寺が由緒ある古典行事をのこして、古都の魅力をもりあげていることは案外知られていない。せいぜい東大寺のお水取りが、関西の季節感とむすびついて、人々の関心をあつめるにすぎないのである。私などはつねづね、これはもったいないことだとおもっている。古仏像は収蔵庫でもあれば保存に大して費用はかからないが、古典行事をむかし通りに維持するには、毎年膨大な出費がいる。むかしは荘厳頭《しょうごんのとう》などといって、寺領荘園の村々を指定して費用を負担させ、これが領民荘民の頭痛の種でもあったが、いまは「古き仏たち」のかせぎをつぎこんで、ようやく維持しているようである。

それではどうしてこんなに苦労してまで、行事を維持しようとするのかを考えて見よう。薬師寺の花会式を例にとると、これは東大寺のお水取りとおなじく、修二《しゅに》会《え》とよばれる行事で、その源は奈良時代の正月と二月の悔過《けか》法要までさかのぼる。世の災害や凶作は、すべて人々のおかす罪とけがれのもたらす結果であるとする古代信仰にもとづいて、僧侶《そうりょ》が天下の人々に代り、懺悔《ざんげ》の苦行をして罪とけがれをはらおうという行法である。

したがってこの行事は、古代律令国家の法令で諸大寺におこなわれる以前から、「おこない」と称して村々の正月、二月の民俗行事としてあったものが、仏教化して修正会と修二会になったのである。修正会はしばらくおいて、修二会というものの本質を見ると、これは農耕予祝儀礼である。旧二月のはじめはそろそろ春の農耕のはじまる季節、この時期に罪とけがれをはらってその年の豊作をあらかじめ祝う儀礼を、僧侶にたのんで密教的行法としておこなった。そのとき農耕をまもる祖先の霊をむかえてまつるために、祖霊の依代《よりしろ》としての御幣の代りに仏前に造花を立てた。それが派手になり、仏のかざり（荘厳）のようになって花会式になる。平安中期の『三宝絵詞』に「この月の一日より、もしは三日、五夜、七夜、山里の寺々の大なる行《おこない》なり。つくり花をいそぎ、名香をたき、仏の御前をかざり」としるされているように、修二会の造花は古いのである。

なかでも薬師寺の修二会は、この造花をかつて堀河天皇の皇后が献じたとの伝説で、梅・桃・桜・フジ・ツバキ・ユリ・カキツバタ・山吹・ボタン・菊の十種の華麗・壮大な造花十二瓶《へい》が、金堂せましと有名な薬師三尊の御前に立てならべられる。このようなところから俗に「花会式」とよばれた。修二会の日も二月一日から七日だったのが、二転三転して現在は三月三十日から四月五日となり、結願の四月五日に、呪師《しゆし》作法や牛玉《ごおう》加持や鬼走りをくわえて、古式ゆかしい花会式が古都の春の夜をかざる行事になった。

ところで民俗行事といえば、普通は農山漁村や辺地離島でなければ、残っていないと考えられている。ところが仏教と結合したために、かえって古態のままに保存された民俗行事が、諸大寺にのこったのである。東大寺のお水取りや長谷寺の唯押《だだおし》もそうだし、四天王寺の「どやどや」も修正会のなかに民俗行事がのこった奇祭である。岡山県西大寺の会陽《えよう》も、新潟県浦佐毘沙門堂の堂押もおなじことで、数万の観衆をあつめるのでよく知られている。

このように仏教化した民俗行事は、新聞・雑誌などで奇祭よばわりされ、好奇心のつよい現代の観衆をあつめることになるが、もとは平素民衆をよせつけぬ高踏的な官大寺が、庶民に接触する唯一の場でもあった。庶民の方もその費用と労力をよろこんで提供するかわり、平素は近づきがたい大寺に大挙くりこんで、この日ばかりは金堂、本堂の内外陣から庫裡《くり》台所までも占拠して、喚声をあげたり悪態をついて思うがままにふるまうことができたのである。その代りに僧侶の方は、やとわれ者のように七度半のおむかえでようやく出仕できるところが多い。奈良では住職の方がすっかり威張ってしまった大寺もあるが、鎮護国家を標榜《ひょうぼう》した古代寺院にも、どんな貧民もこばまない無遮大会《むしゃのだいえ》というものがあったところを見ると、民俗的法要には階級の差別を廃して、民衆の参加をゆるしたことがわかる。

しかし、僧侶の方がこうした行事の意義をわすれ、民衆に代って苦行する代受苦の精神をうしなうとともに、民衆もこれに参加することをよろこばなくなった。そこで牛玉や神（宝）木の争奪に懸賞をつけるような行事もふえてくる。だが大寺側もこうした行事がその地域の民衆との心のつながりをたもつ唯一の場であることを知っているので、維持せざるをえないのである。すなわち古式ゆかしい古都の古典行事はもともと民衆のものなのだから、これを民衆に還元することによってのみ、その本来の精神を回復することができるであろう。

盆踊りと越中チョンガレ節

お盆は念仏の季節である。

京都では六斎《ろくさい》念仏講の若者が浴衣《ゆかた》がけにハチ巻きという夏祭り姿で、町内の新仏の盆棚に六斎念仏をあげてまわる。鉦と太鼓の曲打ちをしながら踊ったり、道化たまねをして最後に獅子《しし》舞いをするにぎやかな踊り念仏である。京都の中京あたりの古い商家では、これを棚経《たなぎょう》とかカンゼン（勧進）とかいって座敷にあがって踊ってもらわないと、盆が来たようにおもわない。実はこれが盆踊りというものの古い形だったわけで、庶民の念仏の底抜けの明るさを感じさせる。

東北地方の盆踊りは大念仏とも墓念仏《はかねんぶつ》ともジャンガラ念仏ともいって、これも鉦や太鼓や樽《たる》を激しくたたきながら、八百屋お七、鈴木主水《もんど》などの「くどき」をうたう。ジャンガラ念仏は北関東では上州名物「八木節」となって、いなせでせっかちな関東風の盆踊りになる。また南関東には小念仏という「くどき」もあるが、その代表的なレパートリーが「広大寺和尚《おしょう》」という堕落坊主の変愛をテーマにした、いささか卑猥《ひわい》な「くどき」である。飛驒《ひだ》の庄白川地方につたわる「古大尽《こだいじん》」がその変形であることはいうまでもない。どうしたことか大念仏も小念仏も、踊り念仏の「くどき」に坊さんの物語が多いのは、おそらくこのような踊り念仏を日本全国にひろめた芸能者が、願人坊《がんにんぼう》とか道心坊という半僧半俗の遊行者《ゆぎょう》だったからであろう。

本居内遠《もとおりうちとお》の『賤者考《せんじゃこう》』には「近世願人坊主といひて、僧形にて妻子もある乞食あり。(中略)声音あるは歌浄瑠璃をうたひ、弁舌あるは戯《ざれ》開帳・戯《ざれ》経などを誦し、態芸あるは舞踊絃鼓などして住吉踊などいふことをもせり」とある。だから彼らは、歌浄瑠璃《じょうるり》や説経祭文、あるいは阿呆陀羅《あほだら》経やチョンガレばかりでなく、住吉踊り等もした。住吉踊りは住吉神社所属の願人坊が初めた念仏踊りで、阿波《あわ》踊りやカッポレ踊りの母胎をなすものである。そして京都の六斎念仏のように盆には施餓鬼といって七月朔日《ついたち》から晦日まで村回りをしたのだから、やはり盆踊りの原型といえる。

願人坊の念仏踊りとともに、日本の盆踊りを楽しく明るく、またバラエティに富んだ娯楽にしたのは、渡り山伏の祭文くどきである。山伏でありながら山野を跋渉《ばっしょう》する苦行がいやになって「芸が身を助けるほどの不幸」な渡世として、門付け芸や辻芸の祭文語りになったのである。それでもはじめは真面目に仏や高僧の功徳や一代記、あるいは有名社寺の縁起などを語る説経祭文だったのが歌説経、歌祭文から色祭文とよばれるような色恋や心中をうたって、「八百屋お七恋路の祭文」「お夏清十郎時雨の祭文」「お俊伝兵衛歌祭文」などの「くどき」をかたるようになった。いずれも錫杖《しやくじよう》と法螺貝《ほらがい》を伴奏にして、合いの手を入れたのだが、のちにはその法螺貝を吹くほどの息の力がなくなって、「くどき」の合いの手に、口で「でろれん、でろれん」とくりかえすだけになった。

「でろれん祭文」とよばれる浪花節《なにわぶし》の前身である。これは近畿地方の盆踊りにひろくうたわれる「江州音頭《ごうしゆう》」としてのこっていて、一種陰鬱《いんうつ》で幽霊でも出て来そうな雰囲気がかえって魅力である。

この「でろれん祭文」は江戸末期の庶民によろこばれて、渡り山伏でなくとも村方の声自慢の農民や職人が真似るようになり、盆踊りなどの音頭取りをしたのがチョンガレ節である。チョンガレ節は「でろれん祭文」「うかれ節」「ちょぼくれ」とともに、浪花節の前身として知られていたが、その実態はあまり明らかでなかった。

これは浪花節そのものがひどく封建的で泥臭い芸能という印象から、日本音楽史や日本芸能史の対象にならなかったためであろう。日本歌謡史の大成者だった高野《たかの》辰之《たつゆき》博士（一八七六―一九四七）でさえも、チョンガレや浪花節はその圏外だったのである。しかし、江戸末期から明治・大正期にかけて、庶民娯楽に圧倒的人気をあつめたこれらの芸能を無視していては、庶民芸能史は成り立たないし、第一「庶民文化」というものの本質を理解することはできないだろう。

ところが最近、富山県高岡市の戸出町史編纂資料室や福光町立図書館（現、南砺《なんと》市中央図書館）や井波町立図書館（現、同市井波図書館）から、ばく大なチョンガレ節の伝本が出て来た。私は高岡市と小矢部市の出身で大谷大学大学院に籍をおく菊池武君と木場明志君の報告によって知ったのであるが、礪波《となみ》地方の一部では戦後の昭和二十六年ごろまで盆踊りにさかんにうたわれたものだという。そして現在福光町（現、南砺市福光）ではチョンガレ保存会を設立して、昭和四十一年（一九六六）から八月十六日にはチョンガレ盆踊り大会を催しているということであった。

私もことし（昭和四十六年）四月に戸出町、井波町、福光町を訪れて江戸時代の伝本が多くのこっていることと、チョンガレ初期のものとおもわれる高僧一代記や仏教因縁物の多いのにおどろいた。伝本の古いのは元禄《げんろく》三年（一六九〇）にさかのぼる「綽如《しやくによ》上人五段次第」があり、安政《あんせい》三年（一八五六）の「釈迦八相記」や安政六年の「石山合戦」などはさすがに真宗繁盛の地とおもわれる。また年時不詳の「広瀬館村甚左衛門ちょぬかり」には村の上層階級を諷刺《ふうし》する阿呆陀羅経の系譜がみられるなど、庶民のいつわらざる心情をあらわしている。どうして越中にこれだけチョンガレ節がのこっていたのか、その理由はまだあきらかでないが、念仏繁盛の地と踊り念仏に源を発する「くどき」がチョンガレ節を媒介して結合したためではなかろうかと、私はかんがえている。

「盆と行器」以後

私の京都遊学はあたらしい日本仏教史研究のためには、西田直二郎《にしだなおじろう》教授（一八八六―一九六四）の日本文化史の方法が必要だとおもったからであった。しかし私はここで日本仏教史の研究には、もう一つ別の方法があることを知ったのである。私はその時まで迂闊《うかつ》にも民俗学の存在を知らなかったが、柴田實先生（一九〇六―一九九七）のすすめで柳田国男先生（一八七五―一九六二）の京都大学での講演「盆と行器《ほかい》」をきいて民俗学の虜《とりこ》になった。昭和十二年（一九三七）の二月十九日であった。柴田先生はその頃、講師として史料講読を担当しておられたが、われわれには西田文化史の直接の指導者で、史跡見学などにもよくつれてあるいていただいた。丁度その日三井寺から近江京址のあたりをそこことあるきながら、今日三時から柳田先生の講演があるがとさそわれて、その講演を何の気なしにきいた。その講演は、われわれが常識的に外来の仏教行事や仏教用語とおもっていたものが、実はそれとは何の関係もない民族固有のものであったことを明らかにしたもので、私にとってはコペルニクス的転回ともいえるほどのおどろきであった。私は今でも「盆と行器」以前の私がもったとおなじ「常識」のあやまりを説得するのに苦労しているが、これは私に柳田先生ほどの論旨の明快と表現の妙がないためとあきらめている。

この年は先生の集中講義が二回あった。先生は、あの端正な講義振りで、民俗学の方法論を情熱をもって話された。このとき引かれた各地の民俗から、私は私の故郷への郷愁がそのまま学問に直結するよろこびを感じた。私は今も日本仏教の庶民的受容の問題を馬鹿の一つ覚えのように追求しているが、これには柳田先生に教えられた民俗学的郷愁が裏打ちされているのである。

その後東京へ出るたびに、当時精神文化研究所に居た同窓の堀一郎氏(一九一〇―七四)とともに先生の書斎を訪れて御指導をうけた。そのころ庶民の生活と伝承のなかにひそむ「日本のこころ」を、先生と堀氏と三人で夜更けるまで、あの広い書斎で鼎談《ていだん》した想出は生涯忘れることのできないものである。昭和十八年冬には小金井でおこなわれた文部省の一か月の長期錬成のあいだ、暇を見ては先生の書斎をたずねた。その暇というのは軍国主義的錬成をサボって、小金井から脱出することで得られた危険なものである。このころ先生はしきりに私の東京移住をすすめられたが、優柔不断の私は戦争が終るまで黙々と奥高野や東北・北陸・中国・近畿・山陰の村々をリュックをかついで、やたらに歩いただけで、とうとう決行の機はなくして終った。おかげで私は戦災をまぬがれたのかもしれないのである。

終戦後、先生の『新国学談』（祭日考・氏神と氏子・山宮考）が出ると早速御寄贈をうけたが、これは『先祖の話』とともにもっとも感銘をうけた先生の業績であり、現在の私の研究もこの延長線上にあるにすぎない。終戦前後の混乱期は旅行も食糧持参で困難をきわめたが、私は物に憑《つ》かれたように歩いた。昭和二十一年から二十六年くらいの採集旅行には、高野山での教え子の諸君がすばらしく便宜をあたえてくれた。その中の一人、三浦秀宥君の荒神研究を先生は大そう高く評価し、私は三浦君のおかげで度々先生からおほめの言葉をうけた。そのころ私がおどろいたのは——それは先生に接する人にはあたりまえのことであったろうが——どのような片隅の研究者でも、名前とその研究テーマをよくおぼえておられたことである。日本民俗学が先生を中核とする人間的結合によって、スクラムの力を発揮して来たのは、このような先生の研究者への細心な愛情があったればこそであろう。したがって先生のあるところには、つねにこのような美しい人間関係がついてまわった。先生はいたるところで師弟愛にとりかこまれ、敬仰され、偶像視された。学者としてこのように幸福な境涯があろうか、と私はしばしば思ったし、人にも語ったものである。年時は忘れたが（昭和二十五年—編集部注）、先生が折口信夫《おりくちしのぶ》先生（一八八七—一九五三）と一緒に、伊勢《いせ》での講演旅行から奈良をへて入洛され、伏見稲荷大社の別殿に数日すごされたとき、先生をかこむ人々の美しい情景を私は忘れることができない。しかし日本民俗学が、先生を頂点とするこのような人間関係の上にきずかれていたということは、先生亡きあとではきわめて危険な徴候であったといわなければならないだろう。日本民俗学は先生の偶像の代りに真理の偶像をおきかえることによってのみ、真の科学として脱皮しうるのではないか。そして先生によって打ちたてられた数々の貴重な仮説は、これを今後の追試・追考によって再検討してゆく勇気がなければならないと私はおもうのである。

私は戦後昭和二十三年から、高野山大学歴史研究会の活動の一環として、民俗学談話会を毎月おこなっていた。その成果を二十七年三月には『仏教民俗』第一号として編集した。まことに粗末なものであったが、先生はこれに讃辞をよせられ、激励して下さった。刷りの悪いものを差上げたので真赤に書入れをしたと後で話された。そして二十八年四月に播磨《はりま》へ御帰郷のついで、奥様と高野山へお登りになり、学生のために一場の講演をして下さった。そのあとでまだ肌寒い高野の四月の一夜を金剛峯寺の奥殿ですごされたが、学生相手にいつまでも話はつきなかった。翌日、自動車で奥之院参拝、それから大門道を自動車でケーブル駅へ向われたが、景観のすばらしい代りに危険箇所の多い道路であったので、もう二度と自動車で通る道ではないよといわれた。十年たった現在、この道路は改修されて大型バスも通っている。このとき文化勲章の栄誉をえたこの碩学《せきがく》のインバネスがひどく古めいて、虫蝕さえあったのが記憶にのこっている。先生が研究所の基金がほしいから宝くじを買った、といわれたのはこのときであったとおもう。高野山のケーブル駅からは南海電車で大阪へ入り、沢田四郎作さん宅へお立寄りになったが、そこには近畿民俗学会員の若干が集っていた。ここに富田砕花《さいか》氏（一八九〇―一九八四、詩人・歌人）も顔を出され久闊《きゅうかつ》を叙する一幕もあった。

沢田さん宅からは、すし詰の自動車で大阪駅へ出て京都に宿をとられたが、これは岡見正雄氏の斡旋《あっせん》した閑静な宿で、ここに三日滞在の間、私達は毎日押しかけ、また各界の学者の来訪もあって先生はまことに多忙であった。そのあいだに鼠の島渡りという珍事実をたしかめるために、京大の動物学研究室を訪ねるという有様だった（十月三十一日―編集部注）。来訪の桑原武夫《くわばらたけお》氏の景気のいい文学論などにも先生は耳をかたむけられ、いかにもたのしそうであった。あつまる人々は明治・大正・昭和にわたるこの碩学を中心に議論の花をさかせ、その雰囲気に酔っているようであった。それから先生は京都を発《た》って奥様と若狭《わかさ》の三方湖をまわって東京へかえられたが、三方湖畔の宿からのお便りと前後して、私の子供達への手提の贈物がとどけられ（先生は堀氏の家庭と比較して私の子供達のことをよく気にされた）、子供達はこの手提を通して先生を記憶している。

話が少しもどるけれども、昭和二十七年十月四・五日の日本民俗学会第四回年会が大阪朝日新聞社講堂でもよおされたときも、先生は西下されて、公開講演会で御挨拶《あいさつ》があり、六日の京都市民生会館での公開講演会には「近畿と民俗学」の御講演があった。私の「両墓制と霊場崇拝」の研究発表に先生は質問に立たれ、私の霊魂観念についての見解をただされた。それは盆の施餓鬼《せがき》の餓鬼が伴精霊《ともしょうろう》ではなく、死して間もない霊魂（新精霊）であり、祀《まつ》られずに荒ぶ霊魂を指すという私の説に対して異見を出されたのである。私は同一霊魂に恩寵《おんちょう》的性格（祖霊）と恐怖的性格（死霊または餓鬼）とを認めなければならないと考えていたので、この質疑応答は長引いた。そのとき私は大いに頑張ったが、先生は結論をもとめるよりは、このような質疑応答を通して、民俗学の当面した問題点を人々に印象づけようとされたものとおもわれる。

私が先生に最後にゆっくりお目にかかったのは昭和三十五年の秋で、二か月余の御病臥《ごびょうが》のあとであったが、私が拝見したいといった『科野佐々礼石《しなのさざれいし》』をさがすために、わざわざ成城大学図書館の柳田文庫まで出向いてくださった。久方振りの外出で足が弱っているといいながら、袴《はかま》をつけて白足袋《たび》をはき、ステッキを持たれると、もうポパイが菠薐草《ほうれんそう》をたべたように明治の精神が全身に充ち充《み》ちて、いつもの少し後に反った直立の姿勢で、足取りもたしかに生籬《いけがき》に沿うてすたすたと歩かれるのであった。図書館では索引もなしにすぐ目的の本を表紙の色で引出され、私が写しとる間今井氏と雑談し、終ると駅まで送るよと先に立って桜並木を相変らずの歩調で歩かれ、陸橋の下で、これだけは登れないから失礼するとおっしゃってお別れしたのであった。

盆と伝統芸能

一

もう十年ほど前になるが、私は奥三河《みかわ》の盆の大念仏を採訪するために、段嶺《だんみね》村をおとずれたことがある。そして私はこのときほど、心にしみじみと日本の伝統としてのお盆をあじわったことがなかった。

段嶺村はいまは愛知県北設楽《したら》郡設楽町に合併されたが、奥三河の深山で有名な段《だん》戸山《どさん》（標高一一五二、三メートル）の入口にあたり、豊川の支流である寒狭《かんさ》川にのぞむ急斜面にひらかれた古い村である。民俗芸能や日本芸能史に関心のある人ならば、三河の花祭とともにこの村の田峯《だみね》田楽を知らぬ人はあるまい。しかし私はこのあたりに花祭や田楽以上に貴重な民俗芸能として、盆の大念仏がのこっていることを知っていたので、その年の夏にこの山村をおとずれたのだった。

私が段嶺村の大念仏に気がついたのは、折口信夫氏等の編集した『民俗芸術』の昭和四年（一九二九）八月号に、竹下角次郎氏の「三州田峯の盆踊り」が載っているのを見たからである。もっともその年の正月に、花祭の調査に奥三河へはいったとき、よく注意してみると、盆の踊念仏がこのあたり一円にひろく分布していることがわかった。これは私のさがしている中世の大念仏が、村落へ定着したままのこったものらしいという見当はついた。しかし竹下老もこれを大念仏とは知らず、盆踊りとか盆供養念仏などとよんでいた。

竹下老はもう故人になったが、このあたりの郷土史家として知られ、田峯田楽もこの人の紹介で世に喧伝《けんでん》されるようになったのである。一般に民俗や芸能の宝庫などといわれる山村や僻地《へきち》には、この人のような郷土愛にもえた識者がおり、個人の利害や毀誉《きよ》褒貶《ほうへん》をこえて、村の伝統の保持に生涯をうちこんでいるものである。竹下老はまさにそのような人の一人だった。

私がいまは廃線となった田口鉄道の清崎《きよさき》駅に降りて、水のきれいな寒狭川を眼下にのぞむ竹下老の家をおとずれると、骨董《こっとう》品や古い書籍や雑誌にうずもれて、背をまるくした小柄な老人が出て来た。

私が来意をつげると、老人は我が意を得たりとばかり、このあたりの念仏行事や盆行事を訥々《とつとつ》とかたり出すのだった。その話から私はここの盆踊りが、日本各地にいろいろの名称でつたえられた「大念仏風流《ふりゅう》」の、きわめて原形にちかいものだという確信をかためた。郷土史家は郷土に保持する伝統の全国的な位置付けや、歴史的位置付けは苦手である。しかし先祖以来うけついで来た伝統が、なによりも貴重なものであることを頑固なまでに信じており、異常な愛着心でこれを保存しようとするのである。もしこのような人々がおらなかったら、民俗芸能などという過去の庶民の文化は、現代までのこらなかったであろう。若干の民俗芸能は商業主義に利用されて観光資源化したり、マスコミにのったり、ステージに立たされて脚光をあびる。しかし民衆の心から心にうけつがれ、土壌に根をおろしたほんものの民俗芸能は、地味で泥くさいために、これを保持する村人でさえきらうのである。

私たちは学問の上でも民俗芸能を手段にしたがる。能や歌舞伎や、文楽を生みだした母胎として、あるいはそこにいたるまでの日本芸能の歴史をたどるための芸能史資料として、民俗芸能を利用しようとする。しかし大部分の農山村民はデパートのアトラクションに出たり、テレビに放映されるために伝統を保持しようとするのではない。また功名にあせる学者、あるいは物好きで暇な研究者に見てもらうために、それをおこなって来たのでもない。それは先祖ののこしたものだから、それを絶やしてはならないという歴史的義務感、それなしには郷土の盆も正月も彼岸もありえない季節的自然感、それをおこなうときに湧きおこる村人の連帯感と郷土愛、いわば村人の土着の心が伝統をささえているのである。その心をうしなったショーとしての民俗芸能は猿芝居にすぎない。またその心にふれようとしない好奇心だけの見物人や、村人をおちょくって得意がるテレビの司会者などというものは、健康な村人の心を毒するものなのである。

神楽《かぐら》にしても田楽にしても盆踊り（大念仏風流）にしても、それは村人の娯楽であるとともに宗教儀礼であった。それは村人だけで、ひそかにつつましくおこなうものだったのである。数か村の寄合祭があったり、隣村と共におこなう「掛《かけ》踊り」があったりはしたが、都会の見物人をあつめたり、ステージに立つものではなかった。だから見せるためには伝統をゆがめて、都会人の鑑賞に媚《こ》びる変形がなされやすい。これは宗教儀礼であることをわすれ、神と霊を対象とすることをわすれ、庶民の心をわすれたものであるから、土着の民俗芸能ということはできない。

二

私は竹下老の話をききながら時のうつるのをわすれていると、夏の太陽は段戸山のかげに落ちて、寒狭川の川面から涼気があがって来た。冷し素麵《そうめん》をごちそうになっているうち、旧盆の十五日なので満月が渓谷のむこうに顔をだし、川瀬の白い波がうきあがって見えた。すると竹下老は、今夜田内《たうち》集落に新盆の家があって、そろそろ「はね込み」がはじまるから、案内しましょうと、提灯《ちょうちん》を持って立ち上がった。

「はね込み」というのは大念仏の踊手が新盆の家の門口から庭へ踊りこみ、新仏の祭壇の前ではげしい踊念仏をすることで、大念仏のもっとも宗教的な部分である。このあとで中休みがあり、それから夜を徹しての普通の盆踊りになる。すなわち「はね込み」は宗教儀礼で、大念仏の大切な部分だったのが、大ていのところではこれを失って、娯楽の部分である盆踊りだけがのこったのである。

田内集落は清崎のすぐ上の集落なので、山道を爪先上がりにのぼってゆく。あちこちの家々は戸をすっかり開けはなして、軒提灯を一ぱい下げている。山村の盆風景は寂しくもまた華やいだ気分がある。かなり歩いたところで墓地に出ると、そのなかに黒い影がうごいてがやがや人声がする。月明りで見ると七、八人の若者たちが大きな檜笠《ひがさ》をかむり、桶胴《おけどう》の大太鼓を胸に下げている。白絣《しろがすり》の着流しに黒絽《くろろ》の羽織をきた中年の男は、笹竹の先に切子燈籠《きりこどうろう》を下げて先頭に立ち、いま行列をととのえているところだった。切子燈籠に下げた垂れ紙には「大念仏」「南無阿弥陀仏《なむあみだぶつ》」と「暮露《ぼろ》」「田内若連中」と書いてあった。兼好《けんこう》の『徒然草《つれづれぐさ》』（一一五段）に、

宿河原といふところにて暮露々々《ぼろぼろ》おほく集りて、九品《くほん》の念仏を申しけるに

とある暮露のつたえた大念仏が、ここにはうけつがれていたのである。ただ室町時代には尺八を楽器としていたのが、ここでは横笛と鉦と太鼓であるところがちがう。また大念仏や盆踊りの踊手は盆の精霊《しょうりょう》に扮したことにして、顔をかくして踊るのであるが、ここでは踊手が墓地から出発するということで、精霊たることをあきらか

にしめしているのも面白い。

竹下老はこの墓地の一団と挨拶《あいさつ》をかわして、目的の新盆の家へいそぐ。その家に通ずる道の両側には、割竹の先に蠟燭《ろうそく》をともした百八本の松明《たいまつ》がずらりと立てられている。いわゆる百八松明《たい》で、墓地からかえって来る精霊のための「迎え火」である。

やがて墓地の方から大念仏特有の「道行《みちゆき》ばやし」の笛・鉦・太鼓がきこえてくる。それは満月にくまなくてらし出された山と野をわたって、あの世からのように寂しくひびくのである。私たちは門口でこの一行の近づくのを待つ。門口から拍子がかわり、「数え歌」「浜松」「新車《しんぐるま》」というふうに笛のリードで拍子が変化するうち、庭にはいって輪になる。正面には新仏の位牌をかざった仏壇があり、まばゆいばかりの金紙銀紙をはった切子燈籠が立てならべられて、まるでお寺の本堂か、極楽の荘厳のようである。その家の主人と家族が正装してすわって、踊手たちに歓迎とねぎらいの挨拶をする。

すると笛と鉦の囃子《はやし》は一転して急調子になり、「岡崎」「四つ拍子」「とうささぎ」「かな輪十六」「二拍子」「しゃぎり」などが次々に演奏され、それにあわせて踊手は胸の太鼓をたたきながら、エネルギッシュに跳躍乱舞する。これは起源的には大念仏にうけつがれた日本固有の鎮魂舞踊であり、反閇《へんばい》であり、「だだ」であるのだが、踊手は「もの」に憑《つ》かれたように、右に左にははね、一回転してははね、忘我のなかで流れおちる汗をふこうともしない。最後に「大拍子《だいびょうし》」をはねるが、この間燈籠持は例の切子燈籠を踊りの輪の上でゆるく振って、霊を仏壇から踊手へとうつすのである。

　ここではね踊りは終わり、燈籠持と笛吹、鉦打、踊手は仏壇にむかって整列し、いわゆる「お念仏」をとなえる。これに二曲あり、一は「四遍《しへん》」で二は「誓願寺《せいがんじ》」である。「四遍」は京都や高野山を中心に近畿一円に分布する六斎《ろくさい》念仏の一曲で、荘重な曲調である。「誓願寺」は他所ではあまりきかぬ名であるが、四遍調で「誓願寺十二くどき」という和讃がついている。いずれもナムアミダブツの六字を抑揚高低自在にくりかえし詠唱するので、ききほれるほどにうつくしい。そのあいだに字言《じごと》という和讃をはさんで「賽《さい》の河原」や「善光寺」や「地蔵和讃」などをとなえる。家族も見物人も音一つたてず、つつしんでこれをきくのである。

　これで大念仏の新仏回向《えこう》が一段落し、あとは一同に酒や御馳走《ごちそう》がでる。まことになごやかな村人たちの交歓で、見ている方もうらやましい。一同上機嫌になったところで盆踊りがはじまる。「おさま甚句」「せっせ踊り」から「木曾節」まで出て、夜の更けるまで踊りははずむ。午前二時ごろになると「引き踊り」になり、そろそろ退散のときがくる。はじめとおなじ「はね踊り」があり、そのあいだに主人側から「とり唄」の所望をする。何か得意な歌を音頭取りがうたいだすと、一同がそれにつける。これを何回かくりかえすのが、霊との別れを惜しむことになるという。やがて踊手は墓地の方へ遠ざかる。竹下老にうながされて坂を降りかけたのは午前三時をすぎていたが、西にかたむいた満月にてらされた山々と坂道を、私はいまだに忘れることができない。

三

そののち私は三河の新城市に編入された大海《おおみ》の放下《ほうか》大念仏を見学したことがあるが、ここでも段嶺の竹下老とおなじく、その保存に生涯をかけた古谷《ふるや》文一郎老に会った。この人も郷土愛の権化のような仁で、郷土史家としてこの地方の民俗の保存と紹介にいまも活動している。しかし古谷老もさることながら、踊手になる若者の努力は大したものである。この大念仏は三人の踊手が「大」「念」「仏」、あるいは鷹羽、桝、かたばみの紋を一つずつ書いた二メートル余の大団扇《うちわ》を背負い、胸には巨大な桶胴太鼓をつけて跳ねおどりするので、まことに重労働である。おそらくとは村の若者が一人前の村人になるために課せられた、通過儀礼の苦行だったたであろう。ここでは段嶺の「はね込み」大念仏の切子燈籠に書かれた「暮露《ぼろ》」が「ほろ背負《しょ》い」としてのこされている。この念仏芸能の伝播《でんぱ》者だった暮露がわすれられて、背に「ほろ」と称する籠《かご》に切紙幣串《きりがみへい》をたてたものを背負っている。しかも中世には

大輪大念仏（愛知県新城市）

切紙幣串の代りに笹竹に短冊を下げて背負い、「こきりこ」をまわしながらうたい舞ったのが、放下《ほうか》あるいは放下僧《ほうかそう》だった。大海の放下大念仏は放浪の念仏聖《ひじり》として の暮露と放下僧をいまにのこした民俗芸能だったのである。しかもこの「ほろ背負い」は「こきりこ」の代りに「ささら」をすり、三人の団扇背負いの踊手の音頭をとったり、道化踊りをしたりする。

この大念仏にたずさわる村人たちは、中世に暮露のあったことも、放下僧が存在したことも知らない。ましてやこのような放浪の念仏聖が民衆のあいだにいかにして念仏をひろめ、仏教のおしえをつたえたかはまったく知らないのである。ただ祖先ののこしたものを絶やしてはならない、郷土につたえられたものは次代にわたさなければならないという歴史への義務感が、この芸能の伝統をささえている。

私はまた段嶺と大海のあいだにはさまれた

南設楽郡鳳来町（現、新城市）の大輪《おおわ》大念仏を見学したとき、ここにも盆の宗教感情と村人の伝統意識が大念仏の踊りのなかにあふれているのを感じた。都市文化から隔絶した山間に数十戸、または十数戸が身をよせ合うようにして生活する村落共同体は、このような宗教儀礼と民俗芸能を通してお互いの体温を感じ合い、お互いの連帯感をたしかめ合っているのである。ことに大輪大念仏では「はね込み」の先頭に、十二、三歳の少女たちによる「数え唄」が踊られる。「一つとせー」以下「十とせー」までかぞえながら、一つの物語や教訓、あるいは名所づくしをうたう芸能は、中世の白拍子《しらびょうし》の芸だったわけで、「白拍子を数える」といわれるのはそのためである。それが室町小歌を通して大念仏のなかにのこったもので、このような山村の伝統がいかにふるいものであるかにおどろかされる。大輪をおとずれたのも七、八年前になるが、盆の満月の夜だったので、昼間のようにあかるい川原を石から石へとびながら宿への近道をたどったことなどがおもいだされる。同行した十五名ほどの男女学生も、はじめて農民の心にふれた感激を、月下の道を急ぎながら語り合った。

いまや盆も正月も、その宗教性を次第に稀薄《きはく》にして、日取りさえ生活の便宜主義で変えてゆく。そこには止むをえないものがあるにしても、盆行事や大念仏が満月の太陰暦十五日をすてたとき、やはり伝統をすてる第一歩があったとおもわれる。

伝統は元来非合理的なものであり、不自由なものである。それをささえるものは宗教観と歴史観のほかにはありえない。われわれ日本人は祖先崇拝のなかに宗教と歴史の一致を見るのであるから、伝統をささえて来た力は日本人の祖先崇拝だったということができよう。

Ⅲ——祖先崇拝と民俗

仏壇と位牌

庶民感情の表われ

信仰とは日常的なものである。

それはエリートのための深遠な学問や教理ではなくて、庶民のための日常的な生活のリズムである。

一日には一日のリズムがあり、一年には一年のリズムがある。また一生には一生のリズムがあり、神社や寺院や墓や仏壇《ぶつだん》や神棚がこれにアクセントをつける。

もちろん、宗教には異常な宗教体験や、高度の論理がある。しかしそれが庶民の心に定着するためには、生活のリズムにとけこみ、日常化、すなわち民俗化しなければならない。

しかし一方には信仰の日常化は宗教のマンネリズムだという論もある。伽藍《がらん》仏教とか葬式仏教というのは、そうした日常化を軽蔑《けいべつ》したものであろうが、お寺詣りもせず、墓参りもせず、仏檀に手も合わせぬ生活から、どのような信仰が生まれてくるであろうか。

宗教や仏教を専門に研究するエリートたちの前で仏檀や墓の話をすると、かならず冷笑される。ことによると石屋さんや仏具屋さんのまわし者かと勘ぐられるかも知れない。それはエリートたちから見ると、まことに「次元の低い」話だからである。

ところが庶民というものは、本来次元の低いものなのである。次元が低いかわりに、しっかりと足を大地につけて、具体的な生活体験のなかで信仰をうけとめる。庶民はいやらしいほど現実的で、日常的で、低俗な信仰しかもたない。それは庶民が観念や空虚な論理のはいるすきもない、ぎりぎり一杯のきびしい生活を生きているためであろうとおもう。

あるテレビが番組に、これも低俗な墓相家を出して、墓相の話をさせたことがある。ところがその放送中に墓相の問い合わせ電話が殺到し、放送局の電話のヒューズがとびそうだから、御遠慮ねがいたいと、アナウンサーが訴えていた。これが名僧知識の法話説教だったら、庶民はこれほど熱っぽく血眼になったであろうか。いうまでもなく名僧知識の法話はありがたいけれども庶民の生活とのあいだに距離がある。しかし墓は次元は低いが生活に密着しているからなのである。

墓が家のリズム、あるいは人間の一生のリズムのアクセントであり、年中行事のアクセントであるとおなじく、仏間は一日のリズムのアクセントである。朝のお茶も仏檀にまずあげてからでないと、庶民はおちつかない。夕方の御馳走やお隣からのお裾《すそわ》分けも、仏檀の鉦を打ってからでないと、ゆったりと頂戴《ちょうだい》できない。それが庶民の心情であり信仰である。きわめて日常的でマンネリズムであるけれども、庶民生活のゆとりと安らぎがそこにあることを、みとめないわけにはゆかないであろう。

ちかごろ現代を批判するテレビ番組などでは、団地やマンションで仏檀を買う家が多くなったのを、仏檀のアクセサリー化などと毒づいている。たしかにそれは宗教だとか信仰だとかいうほどの深い思想があってのことではないらしい。だから仏檀と位牌の売れ行きがよくなったから、仏教復興のきざしがあるなどと、あわてるわけにはゆかない。しかし近代化した「家」にも仏檀がなければ淋《さび》しいという、その庶民感情が、実は日本人、あるいは日本社会をかんがえる上から重大なのである。

普通、仏檀の発生をとく場合、『日本書紀』天武天皇十四年(六八五)三月二十七日の詔が問題になる。これは「諸国の家毎に仏舎《ほとけのや》をつくりて、すなわち仏像および経を置き、礼拝供養せよ」とあり、家ごとに寺をつくるわけにはゆかないから、持仏堂か仏間をつくったのではないかという解釈である。

しかしこれは一般の庶民の家ではなくて、国司の庁舎とかんがえるのが適当である。奈良時代や平安時代になっても、国司の庁舎で修正会《しゅしょうえ》や大般若経のような仏事がおこなわれているので、「仏舎」が付設されたものであろう。それは公的な持仏堂であり、やがて私的な持仏堂がつくられる基をなしたことはうたがいがない。

この天武天皇十四年の「仏舎」は二つの発展の道をとる。一つは国分寺創建への道である。国分寺建立は普通天平十三年（七四一）の記によるものとされ、唐の大雲寺の制をうつしたなどといわれるが、その発祥は半世紀前のこの家毎の仏舎にあったとすべきであろう。

これに対して「仏舎」は、地方豪族の持仏堂から庶民の持仏堂へとひろがってゆく。地方豪族はすでに氏寺をもつものもあったが、自分の屋敷内に先祖をまつり、礼拝の場所として持仏をもつようになった。持仏堂はやがて仏間として家屋の一間を占め、これが仏檀として普及する。ところが仏檀はもう一つの発展経路があって、庶民が先祖をまつる祠《ほこら》、あるいは「詣り墓」とよばれる霊祭《たままつり》の対象物を屋内に入れることから発生するのである。

仏檀は木扁だった

仏像・仏画や名号《みようごう》、あるいは先祖の位牌をおさめて、庶民の家屋内にまつる厨子《ずし》を仏檀とよぶようになったのは、それほど古いことではない。近世各藩の倹約令に、よく京仏檀を贅沢品《ぜいたく》として禁止しているから、これが一般に普及するのは江戸時代中期以後のことである。それ以前は貴族や武士や、豪族、豪農の持仏堂と「持仏の間」に、仏像と名号と位牌をまつったのである。それをあのような小型でつつましく、箪笥《たんす》・長持と大差ないポータブル家具にまで集約して、居間のなかにもち込んだ庶民の知恵に、私は頭を下げるのである。

ところでここに問題にしたいのは「仏檀」という文字である。江戸時代には一般に「仏檀」と書かれている。「広辞苑を引く馬鹿、引かぬ馬鹿」というそうで、あまりあてにならぬが、これには「仏壇」の文字をもちいているのはお寺の仏壇との混同である。仏教辞典などはインド・中国で仏像を土製・石製の壇上に安置したのが仏壇であるとし、転じてわが国の寺院で仏像をのせる大壇《だいだん》や須弥壇《しゆみだん》がこれだという。そうすると民家の厨子《ずし》型の「仏檀」とはまったくちがう。

このように辞書ではインドや中国の仏寺の「仏壇」はとりあげられるけれども、

民衆の信仰の対象になる「仏檀」はとりあげられないのである。大方の仏教教団やインテリ層の庶民仏教にたいする姿勢は、迷信か俗信あつかいであり、経典や教義にないものは仏教とはみとめられないという態度である。したがってインドにも経典にもないお盆（仏説盂蘭盆経《うらぼんぎょう》は偽経《ぎきょう》）やお彼岸、葬式や年忌が日本仏教をささえ、家庭の仏教を仏檀がささえていることを正しく評価できない。それでも僧侶は月忌、年忌に檀家をおとずれれば、仏教辞典にもない「仏壇」の前にすわるのである。

私は念のために、東本願寺の前にならんだ数珠屋《じゅずや》町の仏具屋をあるいて見た。すると果して看板に「仏檀」と書いた店が多く、稀《まれ》に「仏壇」をつかっている。御本山の出している『お内仏のお給仕と心得』などは「仏壇」としているのに、目と鼻の数珠屋町の仏具屋が麗々しく「仏檀」をかかげている土性骨に、さすがの私も一驚した。そこである店にとびこんで主人にきいて見たら、まったく事もなげに「土扁《へん》の壇はまちがいどす。だってここにならんどるお仏檀はみな木で出来てるやおまへんか」という答えであった。

もちろん檀は紫檀、黒檀、栴檀《せんだん》など、香気のある樹木の一種である。しかし一方では檀那寺とか檀家にもちいられるので「檀家にある仏檀」というほどの理解でこの語ができたのだとおもう。したがって木製だから木扁の字を書いたわけではないが、そうした説明が通用するほど仏檀の文字は庶民的だったのである。

以上のように仏檀という文字には問題があるが、仏檀の一つの起源は持仏堂と持仏の間にあるのでその変遷をかんがえてみよう。

奈良時代以前に、いわゆる白鳳《はくほう》美術の典型といわれる橘夫人《たちばなふじん》念持仏があり、貴族は身辺において朝夕念誦し、その加護をいのる仏像をもっていた。これを寝殿造の一室に安置したのが「持仏の間」で、平安京の大内裏《だいだいり》で天皇の日常生活をおくる清涼殿では、御座の間の北の「二間《ふたま》」がそれであったという。一説には仁寿殿の二間ともいうが、ともかく「二間の観音」をまつっていた。そして毎月十八日に念誦僧が参内し、「禁中二間観音供」が修せられたことは有名である。

現在寺院では本尊を安置する本堂とは別に、住職の生活する庫裡《くり》があるが、その一間を「持仏の間」とすることが多い。これも貴族の寝殿の仏間にならったものである。

これに対して寝殿から離して、邸内に小堂をつくったのが持仏堂である。『源氏物語』(橋姫の巻)や『栄華物語』(駒競《こまくらべ》の巻)に貴族が持仏堂をもっていたことが見え、『吾妻鏡』などでは将軍も武士もみな持仏堂をもち、最後の切腹の場とすることもあった。また『今昔物語集』などを見ると、面白いことに肉食妻帯、半僧半俗の念仏聖《ひじり》がよく持仏堂をもっている。

浄土真宗という宗派の成立と、このような半僧半俗の念仏聖とは密接な関係があるので、この持仏堂と浄土真宗の仏檀とは決して無関係ではない。浄土真宗の門徒の仏檀が他宗に比較して立派なことは有名で、お寺の持仏の間とまがうばかりのものがある。

この間、上越の赤倉（現、妙高市赤倉）へ行ってあるホテルにとまったら、その大きな洋式のホールの正面が、二間ばかりも幅のある仏檀で、お寺の持仏の間といってもよいほどであった。これは原始真宗教団を構成する半僧半俗の念仏聖の持仏堂、あるいは道場の構造が反映したものとおもわれる。

「お内仏」の成り立ち

浄土真宗の檀家の仏檀が他宗に比較してとくに立派である理由は、教化がゆきとどいて信仰があついという理解が一般になされている。私もそれには異論はないが、もう一つの理由に、浄土真宗の寺院成立の歴史をかんがえないわけにはゆかない。『改邪鈔《がいじゃしょう》』には「祖師聖人御在世ノムカシ、ネンコロニ一流ヲ面授口決シタテマツル御門弟達、堂舎ヲ営作スルヒトナカリキ。タダ道場ヲバスコシ人屋ニ差別アラセテ、小棟ヲアゲテツクルベキヨシマデ、御諷諌アリケリ」とあるように、初期の真宗寺院は在家とあまり差別がなかった。もちろんこれは真宗僧侶《そうりょ》が半僧半俗、非僧非俗だったことと対応するもので、このような在家とあまりちがわない寺院を「道場」とよんだのは、七〇一年成立の『大宝律令』の僧尼令《そうにりょう》以来のことである。その時代には多く私度僧《しどそう》とよばれた半僧半俗の説経者が、道場をたてて多くの人をあつめて教化をしていた。したがってその建物は寺でなくとも、一間には仏像を安置する仏間があったはずで、この仏間が寺院になっても「お内仏」とよばれている。浄土真宗の檀家の仏檀が「お内仏」ともいわれるのはまさしくこの伝統によるものといえよう。

柳田国男翁の『毛坊主考《けぼうずこう》』という、真宗寺院の発祥について大きな仮説を打ちだした論文の発端は、飛騨《ひだ》の白川村で柳田翁が、小白川の路傍の小家の縁側に腰掛けて、雨にぬれてわびしい弁当を食べたところからはじまる。

ふと薄暗い座敷の中を覗くと、此家不相応に大きな仏壇がきらりと光つて居る。此辺は真宗の盛んな処だと聞いたが成程さうだと言ふと、道連の越中人が、おまけに此家は御寺です、上を御覧なさいと云ふ。今迄気が附かなかつたが、縁側の天井には正しく径尺七八寸の釣鐘が釣つてある。

というように、寺か在家かわからぬ、『改邪鈔』に理想的な真宗寺院とされた「道場」が、厳としてあった。私がおどろいた赤倉温泉の某ホテルの不相応に大きな仏檀も、まさにそのような道場だったにちがいない。

私は柳田国男翁の『毛坊主考』と『俗聖沿革史《ぞくひじりえんかくし》』を読んでから、日本の庶民仏教の歴史に眼をひらかれるとともに、仏檀と位牌にも興味をもつようになったのである。逆説めくかもしれないが、不相応に大きな仏檀をそなえた真宗の檀家こそ、じつは親鸞《しんらん》聖人が理想とされた、真宗寺院そのもののすがたにほかならない。原始真宗教団はそのお内仏の前にあつまって、五人か十人のささやかな小寄講《こよりこう》がひらかれて信仰をかたり、心からのたすけ合いの生活をしたことからはじまったにちがいない。私はそれ以来、庶民仏教の秘密をさぐり、庶民の心をあきらかにするために、飛騨はもちろん、越前の白山山麓《さんろく》から越中の五箇山、越後の西頸《くびき》城あたりを道場をもとめてあるいた。しかし柳田国男翁が出会ったような道場はもはや見ることができなかった。大ていはいわゆる惣道場といわれるような村落共有の大きな建物になり、戦後は公民館をかねるようにもなってしまった。

内陣も堂々たる寺院と大差なく「仏檀」も文字通り「仏壇」といってよいほどの設備である。ただ本寺住職が雪のない季節にまわって来て泊る部屋がついているだけで、住職の代りは輪番制の道場番がつとめている。これはちょうど寺院と檀家の仏檀を足して二で割ったようなもので、これもまた村落寺院成立の一つ前の姿といってよい。ここに坊さんが住みつけば寺号公称しても、なんら不思議はないからである。

もう一つの道場は、つい最近までは柳田翁が弁当をたべたような一間をお内仏にした在家だったが、大分、金もできたので住家の隣に本堂形式の独立の道場を建てたという型である。これは仏檀が独立の建物になったわけで、こうした道場の道場主はしきりに寺号を公称したがっているし、こうして寺院となった村落の真宗寺院はいままでにも多かったことであろう。

しかし、それでも戦時中だったが、糸魚川《いとい かわ》の近在では、四間造りの農家の奥の間がお内仏で、その上の屋敷の隅に八畳敷ほどの一間だけの板敷の道場を建て、そこで小寄講をしているところもあった。お文《ふみ》と三部経はあったが、仏檀には室町末期位の半肉彫石仏をおいていた。ここでは寺号公称の野心はなかったようである。

要するに浄土真宗の檀家の仏檀が他宗に比較して立派だということは、在家が寺であり、寺が在家であったということの教団の本質がそこにあらわれていることを意味する。だから寺が不必要に大きな本堂や仏檀をもって権威化するのは邪道だというこ とにもなる。しかし在家の仏檀も本来の使命をはたさなければ意味がないばかりか、現実には都市化した家屋の構造や、核家族化で仏檀は小型化の傾向にある。次はこの小型の仏檀の歴史をかんがえて見なければならない。

「お取越」の宿と仏壇

よく仏檀の大小は家格の上下をあらわすようにいわれて、無理をしてまで仏檀を大きくする傾向があった。私が見た和泉の旧横山村（現堺市）の庄屋筋の旧家では、式台付きの玄関の正面が仏間ふうの仏檀で、二間幅の大きなものであった。それはたしかに堂々として訪れるものを威圧するほどだったが、玄関の間は六畳でそれほど多くの人があつまれるようでもなかった。要するにそれは講の寄合のためというより、家格を誇示する仏檀だったのである。

これに対して関東の新百姓などとよばれた門徒の仏檀は、かたむきかけた藁屋根《わらやね》の農家であっても奥の間にまつられていて、その前は八畳の客間と中の間でひろびろとしていた。これらの間は平常は乱雑に散らしているが、毎月の講の輪番の宿や、報恩講の宿の日はきれいにかたづけられて、村の人があつまったのである。

関東のみならず各地の報恩講には、よく「煙《けむり》あげず」とか「鍋《なべ》かけず」ということばがきかれる。三十戸の集落だとすると、毎日一戸ずつ門徒報恩講すなわち「お取越」の宿になって、三十日で終わる。この期間は宿の仏檀の前に三十戸の全員があつまってお勤めをするばかりでなく、三十戸全員が宿で食事を共にするのである。

「鍋かけず」といわれる集落だと、三度の食事を集落全員が宿でするので、宿以外の二十九戸はかまどの煙を上げないし、鍋もかけない。女たちは朝早くからその日の宿になった家へあつまって、全員の食事の準備をする。準備ができたころ、全員が宿へあつまって来て、共有財産の黒塗朱塗の膳椀《ぜんわん》で朝食をする。子供たちはそのまま学校へ行って、昼食も夕食もまた宿へ来て食事をしたものだ、とそのような村の老人は語ってくれた。

このようにして「お取越」は農村の収穫期に村人のたのしい祭りとして相続されて来たのだし、村落共同体を形成するための大事な行事だったのである。したがって「お取越」や毎月の念仏講に、村人があつまってお勤めのできるほどの仏壇をもつことが、村の一人前の百姓としての資格であったことはいうまでもない。とくに浄土真宗教壇はこのような講を基盤として成立したものだっただけに、仏壇が重要視されたのであって、門徒報恩講をおこなわなくなったところでは、その大きな仏壇はいささか無用の長物化してしまった。

以上のような村落共同体の祭りとしての講は、そのもとは共同体の共通の祖先をまつる氏神祭であり、これが仏教化して先祖講になったものである。この先祖講の基盤の上に、浄土真宗の報恩講や、天台宗・真言宗の大師講が成立し、一般の庚申《こうしん》講や念仏講なども祖霊をまつり、葬式法事を共にする講に変形した。したがって仏檀にまつる仏も、そのような祖先をシンボライズする信仰対象であるから、そこに位牌がまつられる理由は十分にある。

しかし仏檀と位牌の必然的な関係は後まわしにして、ここでは厨子型仏檀の成立をのべよう。これも宮殿《くうでん》型の総金箔張りのものや、紫檀・黒檀の銘木《めいぼく》造りのものから、小さな箱仏檀まで大小さまざまである。浄土真宗制式の仏檀は、金箔や金金具の華麗な宮殿型で、金障子の折戸を観音開きにして、ちょうど寺院の内陣を小型にしたようである。宮殿の正面は軒が唐破風《からはふ》造りで垂木《たるき》を造り出し、その奥に本尊と脇掛をかけてある。その下に供物や香花《こうけ》をそなえる上卓《うわじょく》と前卓《まえじょく》を張り出し、左右に輪燈を釣る。

このような宮殿型の厨子は、すでに飛鳥時代の玉虫厨子や、白鳳時代の橘夫人念持仏厨子に見ることができる。いずれも法隆寺に蔵せられて今日にいたったことは人の知るところであるが、このほかにも奈良時代には『正倉院文書』の『造仏所作物帳』(天平九年)に厨子の彩色をした記事が見えたり、『厨子絵像並画師目録』に、南都六宗それぞれに六つの厨子のあったことが見え、在家仏檀の祖型をなす厨子の源流はきわめて古いことがわかる。

また宮殿型厨子の絵は、中国の敦煌《とんこう》や龍門の石窟にえがかれており、玉虫厨子などは大陸の影響がきわめて強い。したがってこれは後壁と三方の扉にはめこまれた金銅押出千仏像そのものが本尊で、とくに仏像の本尊を入れてなかったという説もある。

橘夫人念持仏は屋根が天蓋《てんがい》型であるが、台座の「捨身飼虎図」が有名で、本尊は白鳳仏中随一といわれる金銅弥陀三尊である。厨子の高さは九尺二寸もあり、念持仏としてはあまりに巨大である。しかしこれを施入した橘夫人は、奈良時代の権力者であった藤原不比等《ふじわらのふひと》の後妻であるばかりでなく、光明皇后の生母でもあるので、これだけの念持仏を所持できたのであろう。このような厨子がやがて在家の仏檀にかわってゆく。

過去帳から位牌へ

玉虫厨子や橘夫人念持仏厨子のような厨子型仏檀は、移動性を機能としているが、もっと小さな携帯用の仏檀も奈良時代にはあらわれている。その一例は東大寺二月堂小観音厨子であって、毎年二月堂修二会《しゅにえ》（お水取り）の後七日の本尊になる。この仏は良弁《ろうべん》僧正の弟子、実忠和尚が「生身《しょうじん》の十一面観音」をおむかえするために、南方の補陀落山《ふだらくさん》にむかって閼伽《あか》の器をうかべると、それに乗って難波の海にあらわれた小さな仏像であるという。それは厨子に入れて平素は二月堂本尊の大観音のかげに安置し、修二会の七日間だけ厨子のまま正面にうつして、有名なお水取り行法を修するが、その厨子は明けない。

秘仏といわれる仏は浅草寺の観音も、善光寺の一光三尊仏も、厨子に入れられて人の目にふれることがない。そしてこの厨子を安置する大壇を仏壇（善光寺では瑠璃壇）と称するが、われわれはこの厨子そのものを仏檀としているのである。しかもこのような秘仏や霊仏は多く山伏や遊行聖《ゆぎょうひじり》が笈《おい》に入れて携行したので、きわめて小型なのが通例である。原始真宗教団の念仏聖《ひじり》たちも、笈に本尊を入れて遊行したらしく、高田系の仏光寺四代の空性房了源は、弥陀像と聖徳太子像を携行していたことが、元応《げんおう》二年（一三二〇）の「勧進帳」でわかる。

このようなポータブルな仏檀（厨子）という要求に応じたのが、小型軽量な名号《みようごう》掛軸である。それは大量生産ということや、教理上の問題もあろうが、何といっても仏檀の小型化と携行性が「名号本尊」を生みだした最大の原因であろう。

平安時代のはじめには弘法大師空海は、俗に「枕本尊」とよばれるポータブルな厨子入仏像を唐からもたらした。全高わずか二三・一センチ、幅一七・七センチの八角筒型厨子で白檀製である。これが蝶番《ちようつがい》で三区に割れるようになっており、その内側に三尊と十二菩薩と十羅漢が彫刻され、中心は釈迦三尊とかんがえられる。唐代のすぐれた檀像彫刻で、いかにも弘法大師の念持仏にふさわしい。これを入れる赤銅製の円筒形厨子は室町時代につくられたものであるが、枕本尊そのものが厨子であることに注意したい。

このように厨子型仏檀は移動・携帯の必要からうまれたもので、内部の本尊も荘厳（装飾）もすべて小型なのを特色とする。しかしのちには大きな仏像も、造り付けの宮殿《くうでん》型厨子に入れて秘仏化され、特別の法会にだけ開扉されるようになる。当麻曼荼羅《たいままんだら》なども もとは絹製織物だったものが板に貼られ、平安初期に六角形厨子におさめられた。正面扉がいたんだためであろう。鎌倉時代中期に将軍頼経によって寄進されたのが現在のこっている。この扉には短冊形の罫《けい》をひいた中に、二千百五十余人の結縁者《けちえんしゃ》の名を記しているが、これが過去帳のはじめであって、仏檀ももとはこの過去帳をおさめたものを、位牌に代えたものとかんがえられる。

そこで現在在家で仏檀とよんでいるものの機能をかんがえて見ると、先祖や近親過去者の御霊《みたま》のしずまる場所として、位牌を安置するための厨子であった。したがって朝夕仏檀に給仕したり礼拝したり、あるいは過去者の命日に坊さんをよんで読経してもらうのは、先祖や近親の霊をまつっているのである。

現代のような核家族になると、家庭のなかに死者があるとはじめて仏檀を買って、床の間や簞笥《たんす》の上などにおき、死者の戒名を書いた位牌を安置して、朝夕その冥福をいのる。そこには死者の御霊とともに生活しているという慰めと安らぎのあることもまた見のがすわけにはいかない。それは自然な庶民感情の発露であって、仏壇を媒介としておこなわれる死者との対話がそこにある。仏壇が現在核家族集団である団地のなかにブームをおこしているのは、こうした死者との対話のなかに人間性の回復をもとめる心があるからだろう。

宗教というのはむずかしい教理でもなければ、伽藍や僧侶による儀式でもない。仏壇と位牌に表現された庶民の人間性に原点があり、それが発展して教団化したとき、はじめて教理や儀式が発生する。しかもその教理も儀式も、祖先をまつり、近親の霊をいたむ素朴な庶民感情から遊離すると、うわすべりしてむなしいものになってしまうものである。

このような意味で庶民の仏壇は仏像を安置するものでなくて、位牌をおさめるものであることがわかる。しかし祖先の霊の象徴として仏像を安置する仏壇も存在する。とくに浄土真宗のように、集団的な講をおこなう本尊として、個人の家の仏壇がもちいられるところでは、仏像や名号が仏壇の中心に安置されるのは当然である。しかしそれが個人の家の仏壇であるかぎり、位牌もおさめられる理由は十分にあるのであるから、教団が仏壇（お内仏）の位牌を否定するのは適当ではない。ことにちかごろ普及した小型の箱仏檀では位牌中心になったが、これは十分に尊重されねばならないのである。

位牌の起源

過去者（往生者）の名をしるして、その霊のしずまる所とするものを霊位といい、これが木牌（木板）であるばあいは霊位牌、すなわち位牌と解されている。その起源は神道の霊代《みたましろ》とも、儒教の神主《しんしゅ》あるいは木主《もくしゅ》ともいわれるが、仏教そのものに固有のものでないことだけはたしかであろう。

仏檀はこの位牌を安置する厨子として、民家にまつられるのであるから、位牌というものは家の宗教となった日本の庶民仏教を表現したものである。したがってこの点について一応の説明をしておきたい。

日本人は死者、すなわち先祖のまつり方において、他の民族と異るいちじるしい特色がある。それは死者を葬った墓でその霊をまつらず、別の場所に霊のみを移しむかえてまつるのである。死者を葬った墓をサンマイ（三昧）とか墓地とか身墓《みばか》（埋め墓）といい、けがれ多いものとするので、別に清らかな所に霊をむかえてまつる墓を空墓所《からむしょ》とかラントウバとか詣り墓、精進墓とよぶ。このように二重に墓をつくるのを両墓制というが、現代は次第に単墓制にうつりつつあり、日本人固有の両墓制は消滅しようとしている。

ラントウバといわれるのは、多く寺の境内にあつめられた石塔だけの詣り墓で、

埋め墓（和歌山県高野町）

阿弥陀山の「詣り墓」（滋賀県高島市）

智積院旧位牌堂の位牌群（京都市）

「乱塔場」とか「卵塔場」とか書くが、私は檀徒墓の変化だろうとおもう。それはこうした檀徒の詣り墓をまつることが、村落寺院、民間寺院の発祥であり、また主なる機能でもあったからである。

ところが寺が講や儀式の場となり、布教の機能をもつようになると、檀徒墓が寺から分離し、単墓制の共同墓地ができる。その代りに本堂の後堂《うしろどう》や脇壇に檀徒の位牌をあずかる位牌壇（位牌堂）がつくられ、これが霊魂をまつる詣り墓の役目をはたすことになる。檀家の仏檀の位牌も、じつはこうした詣り墓の機能をもったもので、もとは寺にあずけて共同でまつっていた位牌を、個人個人の家にもちこんで、単独祭祀をおこなうようになったものである。

すべて民間の宗教行事というものは、かつては村落共同体、あるいは信仰共同体（講）の行事であった。それが個人や家の独立分化にともなって、家の行事になったのである。お盆も寺施餓鬼《せがき》といわれる共同の供養にもとの姿がのこっているが、村落では死者の供養も共同体の念仏講がこれをおこなっている。その原形は平安時代の中ごろ、十世紀末にできた二十五三昧講というもので、恵心僧都がはじめたといわれる。

これはもと一族の共同祭祀だったものを、二十五人単位の同信者集団で死後の供養をするようになったのである。いまでも葬式をたすけ合いでとりおこなう念仏講とか、講組、無常組といわれる講はその名残りである。この講では過去者あるいは先亡者の法名、戒名をならべて書いた過去帳（過去名帳）というものがある。すなわち阿弥陀如来や六字名号、あるいは三界万霊を中心に画いて、そのまわりの短冊型の欄に、先亡講員の戒名を書き入れてゆく。これが仏檀に入れられて、月の十五日毎の念仏講の本尊となる。

平安時代の二十五三昧講では毎月の十五日の満月の日にあつまり、午前中は法華経、午後は念仏をして信仰をふかめるとともに、講員の供養をした。講員のなかに一人の病人が出ると、他の二十四人が講の集会所である往生院（阿弥陀堂）に病人をうつし、家族の手をわずらわさずに看病した。自宅で家族の世話になっていると、後に執着がのこって、往生がよろこべないからだという。往生院は日本ではじめての宗教的病院であるとともに、病重くなれば浄土に往生する念仏道場だったのである。

この講本尊に書き込まれた戒名がやがて分離して、一霊毎に木牌に書かれて台上に立てられたのが位牌である。この形態はたしかに儒教の神主、あるいは木主の形をかりている。しかし信仰対象としては、位牌は先祖の霊魂がそこにとどまって、子孫や家族の祭祀をうけるものなのである。

また神道で霊代《みたましろ》というのは、神や霊は姿はないが神聖な常磐木《ときわぎ》の枝を立ててまねくと、神霊はその木にとどまって祭をうけ、幸福を氏子や子孫にあたえると信じられて来た。これはまた依代＝憑代《よりしろ》ともいわれ、紙の幣《しで》をつけることもある。

しかしもとは斎木《いわいぎ》ともよばれたので、「いはい」の音はこれから出て、これに「位牌」の文字をあとから当てたものと、私はかんがえている。したがって神道の葬祭で霊代とよぶものの原型が斎木であり、これが儒教の神位牌の形態と文字をかりて「位牌」になった――しかし日本民族固有の霊魂の依代という信仰内容はそのままのこった――というのが、位牌の起源なのである。

雲首式位牌と今上牌

仏檀を家々の先祖祭の場とすることは、日本の家族制度を前提としている。第二次世界大戦後のあたらしい社会は、新民法の理念にもあきらかなように、個人主義を前提として成り立つものである。しかしそれは建前としての社会制度であって、宗教の世界では家族制度がつよくのこっている。だから父母兄弟はいわずもがな、祖父母、曾祖父母から、傍系の親族までも仏壇にまつっているのが実情である。私は人間社会から、家族制度を完全に抹殺することは不可能だろうと思っている。しかし古い家父長主義家族制度が個人の自由を抑圧する旧制度（アンシャン・レジーム）として作用した事実もみとめないわけではない。したがって個人主義的社会のもつ不安定な欠陥を、宗教の家族制度がおぎなうことによって、日本社会のバランスがたもたれるものと私はかんがえたい。盆、正月、葬式、法事に平素つきあってない親族一同が会するのはまことによいものである。それは孤立主義の核家族のさびしさ、物足りなさをおぎなってくれる。

教団の近代化ということが唱えられ、個人主義的社会に対応することが宗教の近代化だといわれている。それだったら家族制度のシンボルとしての仏壇も位牌もいらないことになる。私はむしろ近代社会の欠陥や病弊に対応することが、宗教の存在理由だとおもうので、仏壇と位牌の必要性をみとめるのである。

仏壇のなかには日本の家というものの歴史が、先祖をまつるという形で厳存している。位牌は過去にまでさかのぼる家族のシンボルであり、ことに「先祖代々霊位」という位牌では、家の歴史は無限にさかのぼるひろがりをもっている。

墓にも「先祖代々之墓」あるいは「倶会《くえ》一処《いっしょ》」とあるが、これは個性を昇華した祖霊一般ともいうべき霊格をまつるものである。それは「先祖」であるとともに「家」そのものといってもよいもので、三十三年なり五十年なりたって、「弔いきり」あるいは「祀りあげ」をすませた霊が帰一する霊格をあらわしている。

実は日本の庶民には「先祖になる」という理想があって、生きていたときの個性をはやく消滅することによって生前の罪障を消し、浄化された祖霊になることをのぞんだ。したがって特定の人物以外は生前の名を墓にきざみ、位牌に書くこともなかった。いいかえれば「個人を忘却される」ことが「成仏」だったのである。ちかごろの戒名に生前の名の一字を入れて位牌に書くような流行は、個人主義を宗教のなかにもちこんだようなもので、忘却による成仏をさまたげているといわれても仕方がない。

過去者の法名をならべて書く念仏講の過去帳から、個人の法名を木製の位牌に書くようになったのは、現存の遺品から考えて室町初期、すなわち応永《おうえい》年間（一三九四—一四二八）ぐらいとおもわれる。『鹿苑院殿薨葬記《ろくおんいんどのこうそうき》』は応永十五年（一四〇八）五月六日に薨去《こうきょ》した足利義満《あしかがよしみつ》の葬送記で、これに「新薨　鹿苑院准三宮従一位大禅定門尊霊位」という御位牌をたてたことをしるしている。また奈良の元興寺極楽坊境内から出土した位牌にも応永年間のものが数点みいだされる。これらの位牌はいわゆる雲首《くもくび》式位牌で、位牌板の上に屋根がのり、その上に雲形の装飾がついている。この雲形の頂上に多く円輪をのせているのは、雲の上にのぼった「みたま」(霊魂)を象徴したものかとおもわれるが、あるいは日月をあらわした円輪かもしれない。これにたいしてもう一つの位牌は宝塔式といわれるもので、頂上が宝珠形になった笏形《しゃくかた》の位牌である。これは多く今上牌《きんじょうはい》といって寺院の本尊須弥《しゅみ》壇《だん》上に飾られ「今上皇帝　聖寿万安」とか「今上皇帝　聖化無窮」などと書かれ、毎朝夕の勤行に聖寿万歳を祈願するものであるから、厳密には位牌ということはできない。

しかしそのもとは天皇の逆修牌《ぎゃくしゅうはい》や追修牌《ついしゅうはい》として立てられたとおもわれるので、位牌の一種とかんがえてよいであろう。

京都の等持院には正平《しょうへい》年間(一三四六―七〇)に足利義詮《よしあきら》が、後《ご》醍醐《だいご》天皇のために追修尊牌を安置した申達文書がある。このころ先帝の追修尊牌が禅寺に立てられたものであろう。これにたいして今上天皇の寿牌《じゅはい》が逆修尊牌として立てられたのが今上牌で、東西本願寺でも本尊阿弥陀如来の左右に今上牌と先帝牌が安置されている。したがって末寺にもこれにならったものがすくなくない。

しかしこのような寺院の尊牌の形式は、宝塔式または笏形位牌として一般の位牌にもちいられるようになった。そして武家の権力者に多くみられた雲首式位牌は、唐破風付屋形式位牌として上流庶民の位牌になった。この二つの形式の位牌はまた江戸時代の墓石にも影響して、笏形位牌は普通の位牌型、あるいは竿石型といわれる墓石になったし、屋形式位牌は笠塔婆型の墓石になったのである。

庶民の生んだもの

仏壇にかざる位牌の起源については、南北朝の終り、嘉慶《かきょう》二年（一三八八）に示寂した南禅寺の禅僧、義堂周信《ぎどうしゅうしん》の『空華日工集《くうげにっくしゅう》』に、

　位牌、古は有ること無し。宋より以来、之れ有り。

とあるので想像される。宋《そう》よりというのは儒教の神位がそのころつたわったとするからであろう。

これにたいして室町初期に書かれた『塵添壒嚢鈔《じんてんあいのうしょう》』には鎌倉時代の西明寺《さいみょうじ》入道時《とき》頼《より》の話をのせている。この本は位牌に「物故」と書く理由は「没故」と書く代りに、禅家でこの文字を用いたのだ、禅家以外にはもとは位牌というものはなかったのだと書いている。これも「モッコ」とよみ禅寺でもごく特殊な場合しか用いなかったらしい。そして西明寺入道時頼の諸国行脚のとき、一夜の宿を借りた尼の物語で、鎌倉御家人に所領を横領されたことを知り、かたわらの位牌に一首の歌を書きあた

えた。尼はこれを証拠に、本領をとりもどしたという話である。しかしこれは『太平記』のフィクションをそのままとったもので、鎌倉時代に位牌があった証拠にはならない。

私は民間寺院に位牌が普及しはじめたもとは、「三界万霊牌」と「逆修牌」だろうとおもう。「三界万霊六道四生有縁無縁一切精霊位」などと書いた大きな白木牌《しらきはい》は、どこの盆の施餓鬼棚《せがきたな》にも見られるもので、仏教の怨親平等観や普遍的救済観をあらわしている。元来、お盆というのは共同体の祖霊祭である。氏神の祭が共同体の共通の祖神を氏子や村人全部でまつるように、村なり檀家なりの死者は共通の祖霊として、共同体全部でまつるのがお盆である。そのとき祖霊の依代として三界万霊牌が立てられる。これはすでに報恩講やお取越のとき「鍋かけず」あるいは「煙立てず」で、村人全部一人のこらず当番の家の仏檀の前にあつまり、三界万霊のシンボルとしての名号をまつるのとおなじ原理である。

私たちは社会なり宗教なりの問題をかんがえる場合、なにか先進国と称する外国の思想や原理で判断したり批判したりすることを、もうやめなければいけないのではないだろうか。それよりもわれわれ庶民の先祖がのこしてくれた生活の智恵や、原理にまなぶ態度があっていいはずである。それはなにも戦前の懐古的民族主義を指すものではない。戦前の排外的な民族主義は、貴族や武士階級の生活や思想を日本的原理ときめた民族主義である。しかし現在は底辺の庶民の生活や信仰から、日本人の思想や原理をまなびとらなければならないのである。

そのような意味で施餓鬼法要や報恩講は、われわれが一人で生きるのでも死ぬのでもなく、生きても死んでも共同体の一員であるという思想をあらわしている。三界万霊牌はそのよい実例であるとともに、日本人の宗教もこれに対応するものでなければならないだろう。

以上のような三界万霊牌は、浄土真宗では施餓鬼がないのでもちいられない。しかし共同体がともに阿弥陀如来や名号をまつり、祖先をまつるための講というものをもっている点に、庶民の宗教が生きている。庶民にとって本師阿弥陀如来と祖師聖人の恩徳を報ずることと、永代経によって祖先をまつることとは別物ではない。また十日講、廿日講などに近隣相あつまって小寄講をいとなむとき、阿弥陀如来と先祖の位牌をまつった仏檀は、三界万霊牌とおなじ意味をもつのである。

日本人の庶民の宗教は、その基底において浄土真宗も禅宗も、真言宗も日蓮宗も、すべて相通ずるものをもっている。浄土真宗の門徒と真言宗の檀徒は、なにも人種がちがうわけではない。おなじ日本人の庶民なのである。僧侶やインテリは理屈好きだから、宗派それぞれの主張をしなければ気がすまないし、個性を出せないかもしれない。そしてことさら宗派による仏檀の構造や荘厳の仏具まで規制し、自宗はこうだと檀徒に押しつけることにもなる。そのためにおなじ村のなかでの宗派のちがう庶民の連帯をさまたげ、信仰行事への参加をさまたげる場合もあるようである。

私は以上八項にわたって、庶民信仰の立場から、日本仏教に特有の仏檀と位牌の成立とその意味をかんがえて来たが、おそらくこのなかに宗派的説明がないのに、不満を感じられた向きもあるかもしれない。しかし私は日本の庶民仏教の一番底にあるもの、日本仏教の地下茎のようなものをさぐり、そこから日本仏教の特質をかんがえようとしている。私がこのような立場を「仏教民俗学」などと名づけているのは、庶民の過去と現在の民俗のなかに、日本仏教の地下茎が横たわっており、そこから日本仏教全体の特質がすべて出ているからである。各宗の祖師たちがインド仏教や中国仏教、あるいはビルマ（現、ミャンマー）、セイロン（現、スリランカ）の仏教と、全く異質的な仏教をうちたてた精神的社会的背景がそこにある。それを俗信とか呪術《じゅじゅつ》といって排除することは、日本仏教の否定につながるといわなければならない。

私はここでそうした庶民仏教の「のぞき窓」として仏檀と位牌をとりあげたのであって、浄土真宗の仏檀でも共同体の祭や先祖祭の講と密接なつながりがあることを結論としてのべたのである。

日本人と死後の世界及び恐山

恐山《おそれざん》はよく秘境として紹介される。ことに七月二十四日前後の、恐山地蔵堂縁日にくりひろげられるイタコ市の異様な光景は、この世ならぬ世界、ことによると自分もあの世におる霊の一人になってしまったのではないか、と思うような錯覚さえよびおこす。こうした秘境感はまたこの山の異常な景観によって、いっそうふかめられるのである。

山上には旧火口湖の宇曾利《うそり》湖が、翡翠《ひすい》をとかしこんだような濃緑の水をたたえて、静まりかえっている。また三途《さんず》の川をわたった恐山地蔵堂のまわりは、硫黄《いおう》臭が鼻をつく火山の噴気孔が、そこにもここにもおそろしい音をたてて煙をはいている。これが死霊のさまよう恐山地獄の相で、いたるところに死者の供養に積んだ賽《さい》の河原の積み石が累々と立っている。地蔵の石仏があり、血の池があり、剣の山がある。修羅道とよばれる血のような赤い石、酒や塩をごまかす商人のおちる酒屋地獄や塩屋地獄、不正な麹《こうじ》屋のおちる麹屋地獄、藍《あい》をごまかす紺《こう》屋《や》のおちる紺屋地獄などの職業別地獄があったりする。無数に林立する板塔婆は、日々この世を去る死者がいかに多いかを思わせ、暗い無常感をおこさせずにはおかない。

ところが遠く目をやって湖水や、周囲の山々をながめると、これはまたこの世ならぬ美しさである。宇曾利湖の湖岸の縮緬《ちりめん》波のひたひたと寄せる白い砂原は極楽浜といわれるが、ここはまさに地獄と極楽が同居する霊場である。湖水をめぐって旧火口壁をなす釜臥山《かまぶせ》（八七九メートル）と朝比奈岳（八七四メートル）を中心に、北国山、大尽山、小尽山、天狗山などがならび、一木一草もない地獄とは対照的に、翠《すい》巒《らん》ということばがぴったりする北国的な山毛欅《ぶな》林と檜葉《ひば》林がひろがる。この自然林も伐採がどんどんすすんでいるようであるが、ここの檜葉、すなわちアスナロの純林は日本一のものである。

恐山宇曾利湖の極楽浜（青森県）

　日本の山と湖は、十和田湖を境にして北は北海道と似ており、山容も林相も湖水の色もガラリとかわってくる。その点からもこの恐山は人を引き付けずにはおかないが、陸奥《むつ》湾をへだててこれをながめると、この世と別の世界――すなわち霊のあつまる他界という幻想をおこす。しかしここを人々が死霊の山として、死者供養をしたり、納骨・納髪をしたり、イタコの口寄せをきくようになったのは、いつのころであったかは、はっきりはわからない。いま観光としてでなく、納骨と供養のためにこの山をおとずれる人々は青森県、ことに下北・上北の二郡がもっとも多いが、ここを管理する円通寺の話では、岩手・秋田・山形の三県にもまたがり、福島方面から参詣する者もあるということであった。

しかしこうした霊場の発生はその山麓《さんろく》の住民が、日夜仰ぎ見る秀麗な山を死霊・祖霊の住む山とし、他界《たかい》信仰をおこすところからはじまる。ことに火山活動で噴気孔のある山は、地獄の幻想につながるので、他界化しやすい。それを旅僧が来て、地獄の霊の救済者としての地蔵菩薩《ぼさつ》や阿弥陀如来《あみだにょらい》、あるいは観音菩薩とか弥勒《みろく》菩薩、弘法大師などの信仰をもちこむと、そこに寺ができる。その寺の宣伝活動で信仰圏がひろがり、遠方からも納骨や供養に人があつまるようになる。そのような方式で恐山地蔵堂や山寺立石寺《りっしゃくじ》の他界信仰ができた。現在では寺はなくなったが、神社が納骨供養を受け付けるのは、羽黒山、月山、湯殿山である。高野山や善光寺もその周辺の地域的霊場信仰から発展して、日本総菩提《ぼだい》所になったのは、他界信仰を浄土信仰にすりかえて納骨と供養をすすめて歩いた高野聖と善光寺聖の宣伝の結果であった。

日本人の死後の世界としての浄土信仰は、実は表面だけのものであの当麻《たいま》曼荼羅《まんだら》にえがかれたような世界が実在しようとは、誰もかんがえていない。しかし、われわれの現世と地続きの山の中に、死後の霊の世界があるという実感は、すべての庶民がもっている。それなればこそ高野山や善光寺が繁昌し、肉親が死ねば、納骨・納髪にそのような山へのぼるのだとおもわれる。

墓と人形

昨年七月、香川大学の集中講義に高松へ行ったとき、香川大学の竹内助教授と、多度津《たどつ》の民俗学者として著名な武田明氏の御案内をえて佐柳島《さなぎ》へわたった。武田氏は『祖谷山民俗誌』や『讃岐民話集』などとともに、『讃岐佐柳島・志々島昔話集』を出して佐柳島には知人も多いので、この民俗資料採訪は収穫が多かったが、とくにこの島の積石墓《つみいしばか》はまことに見事であった。瀬戸内の島々には両墓制《りょうぼせい》がよくのこっているが、ここでは截然《せつぜん》たる両墓にくわえて、海石をつみあげた埋め墓が海岸に延々とひろがっている。海石は大小さまざまで、数百個の石を喪家の親族が葬式の前に海中からあげておき、棺はほとんど地表におく程度にして、そのまわりに石を積みあげてかくしてしまう。波が高ければ海水にあらわれるようなところに、寝棺は寝棺なりに、座棺は座棺なりにわかるような形でつみあげられた墓が、潮騒《しおさい》のひびきをよそに見わたすかぎりひろがった景観は、一種異様な感慨をよびおこす。その中でまだあたらしい墓には、竹に刺した木偶《でこ》人形が立てられているのがまためずらしい。

この人形は子供墓だけでなしに大人の墓にもあり、桐《きり》の木を素人《しろうと》がこけし状に刻んだもので、地蔵さんともいわれる。しかし地蔵を木できざむところはあまりないので、その起源は人形《ひとがた》とおもわれる。それでここでは墓と人形の関係をかんがえて見たい。現在「友引人形」などといって、年内に一家から二人の死者があると棺に人形を入れる慣習は一般である。長崎県西彼杵《そのぎ》郡では伴人（トモビト）ともいい、妊婦の死者にも、藁《わら》人形を入れて三人にして葬る。しかし平安時代の葬制をしるした『類聚雑例《るいじゅうざつれい》』などによると、二人連続した死者でなくとも、死者の兄弟が阿末加《あまが》津《つ》（天児）を棺におさめる慣習がみられるので、佐柳島の墓人形は友引人形ではなくて、「あまがつ」の系統の人形であろう。

墓上の木偶人形
（香川県佐柳島）

「あまがつ」は天禍津霊（アマガツヒ）の約音であろうといわれ、けがれやわざわいを負わせてすてる人

形である。『仙源抄』に、

諸事凶事を是に負《おわ》するなり　三才まで用る也。

とあるが、室町時代には「這児《ほうこ》」ともいって幼児の守人形として枕頭におくようになった。室町時代の『御産之規式』に、

あまがつのことはふことも云ひ、孺形《じゅぎょう》とも云ふ。是は若子の御傍に置きて、悪事災難をこのあまがつに負はするなり。若子の形代《かたしろ》なり。

といっており、やがてこれが幼児の玩具となったことはいうまでもない。讃岐《さぬき》では幼児の祝に「奉公さん」といって人形の贈答をするし、高松名菓の「奉公さん」も人形型の最中《もなか》であるが、這児であることはもう忘れられたようだ。

このような「あまがつ」はしたがって、流され、捨てられ、儺《や》らわるべきものであった。したがってこれは三月節供《せっく》の流し雛《びな》や、大祓《おおはらい》にながす紙の人形《ひとがた》とも共通するもので、『源氏物語』須磨の巻に、

陰陽師召してはらへさせ給ふ。舟にことごとしき人がた乗せて、流すを見給ふにもよそへられて

知らざりし大海の原に流れ来て、ひとかたにやは物は悲しき

とあるように流されたのである。そうすると佐柳島の埋め墓に立てられた人形や、棺のなかに入れられた阿末加津は、禍をあの世まで持って行ってもらう意味のもの

であろう。私はいろいろの伝承や葬制の遺習から、海岸や島の民には原始時代の水葬を想定しうるとおもうから、この場合の人形は死者とともに流し儺らわれたとかんがえることができる。

有名な「御葭《みよし》流し神事」のある津島牛頭《ごず》天王（愛知県津島市）の御葭も人形《ひとがた》とされているが、これは三尺ほどに切った葭を束ねたものである。これが流れ寄った下流の村は大いなる穢《けがれ》として、かつては祓《はらい》の祭をおこなったという。葭を束ねたり藁を束ねたりする人形は「くさひとがた」とよばれたもので、大化二年（六四六）三月の「厚葬の禁」の詔では、死者とともに葬る「くさひとがた」を瓦器に代えるよう規定している。そうすると佐柳島の墓人形も、もとは藁などを束ねた「くさひとがた」が木偶人形となり、やがて地蔵ともいわれるようになったのであろうとおもわれる。

人形のもう一つの起源に、道の辻に立てて御霊《ごりょう》祭の対象となった木の人形がある。『本朝世紀《ほんちょうせいき》』の天慶《てんぎょう》元年（九三八）九月二日の記事は、このころ京都の東西両京の大小街衢《がいく》に、男女二体の人形をかざって、祭をするのを不思議な風習としてしるしている。この人形は木を刻んで彩色し、しかも臍下《せいか》腰底《ようてい》に陰陽を刻絵して、供物をそなえ幣帛《へいはく》をたて香花をあげるなどした。これを時の人は、

岐神《ふなとのかみ》と号し、又は御霊《ごりょう》と称す。

とあるから、辻に立って悪霊をさえぎる塞《さい》の神とも、さえぎられ儺らわるべき御霊ともかんがえられた。この「さえぎるもの」と「さえぎられるもの」の二重写しは不思議な感もするが、原始的な宗教観念では、はじめ「さえぎられた」ものが、やがて「さえぎるもの」になることは多い。道や辻や村の境、あるいは墓の入口まで送りだされた悪霊の形代《かたしろ》が、やがて向うから来る死霊や悪霊をふせぎとめる神の姿にかわって来る。それが塞(賽)の神であり、道祖神であり、辻地蔵であり、六地蔵である。

近江あたりでは正月の山の神祭に、男女陰陽二体の人形を松の股木でつくり、これを山中の祭場や墓山や寺山にもってゆき、オンべ笑いでおくり出す。神の弁当として赤飯を藁苞《わらづと》に入れ、竹の折掛樽《おりかけたる》とともにそのあたりの木の枝にかけてくる。これなども天慶元年の御霊祭とまったくおなじであるが、送り出された山の神は、そのまま村を守護する神として意識されるようになる。

この奇妙な民俗信仰の構造は、災厄の源としてきらわれた死霊が、やがて昇華して家を保護する祖霊にかわり、ついには村を保護する神霊ともなる「霊魂の昇華現象」として説明することができる。そしてこの昇華のそれぞれの段階に応じて、形代としての人形も変化してゆく。すなわち死霊の段階では「くさひとがた」や「あまがつ」あるいは墓人形として。祖霊の段階では石地蔵や辻地蔵、すなわち地蔵盆にまつられるような恩寵《おんちょう》的地蔵として。神霊の段階では氏神の神像や本地仏、あるいは氏寺、檀那《だんな》寺の本尊として。

われわれは原始古代において、死霊を人形で表現した文化を、歴史のとおい彼方《かなた》にわすれ去ってしまっている。たまたま天慶元年の御霊祭などに人形をかざり、祇《ぎ》園《おん》の山鉾《やまほこ》に稚児や造り人形をかざっても、それが死霊の表現などとはかんがえるだけでも不吉だとおもう。いわんや地蔵菩薩や阿弥陀如来を人形の発展だなどということは、仏教の教理と教団の面目がそれをゆるさない。しかし民族の過去の文化は、遺伝における先祖がえりのように、ときどきわれわれの生活のなかに片鱗《へんりん》をあらわす。佐柳島の埋め墓に立てられた人形などは仏教以前、神道以前の民族の歴史をのぞき見る一つの通路である。歴史をまなぼうとするものは一個の石器、土器の破片にはらうとおなじ注意を、路傍の石仏、石塔にも、墓に立てられた人形や塔婆にもはらわねばならないことである。

多賀大社と烏

一

多賀大社にはわれわれ歴史を研究するものに、興味ぶかい伝承や祭儀が多い。まず「多賀」という名称であるが、私の郷里の常陸《ひたち》(現、茨城県)にも「多賀郡」があって、「日高見《ひだかみ》の国」の「高《たか》」にあたるといわれている。『常陸国風土記』では「多珂《たか》の郡」などとかかれるから、タカと澄んでよまれたことはたしかである。このあたりは関東の太平洋岸の九十九里浜につづく砂浜から、阿武隈《あぶくま》山地の隆起海岸にかかるので断崖《だんがい》がつらなっており、それで「高」の地名があると説明されている。しかし「高」が神名になる場合は霊験いやちこな神という意味と、それなるが故にまたたたりやすい神という一面がある。

私は多賀の神は「高神《たかがみ》」というべきだから、そのような神格と神徳をもつ社は一社だけだとは思わない。いま民俗的に「高神」といえば、お願はよくきいて下さるが、けがれでもあればたたりのおそろしい神を指しており、荒神《こうじん》さんなどは高神といわれている。『古事記』と『日本書紀』に、伊邪那岐《いざなぎ》大神をまつる社が近江と淡路の両方に書かれている矛盾も、それが高神であるかぎり、いくつあってもよいのである。

ところで『日本書紀』（神代上）に淡路の伊弉諾《いざなぎ》の宮（兵庫県淡路市多賀）が、「幽宮《かくれみや》」とあることは重要で、これは伊弉諾尊の「おかくれになった」ときの荒魂《あらみたま》、すなわち「高神」的な荒々しい、たたりやすい御魂をまつった宮を意味する。大和の大神《おおみわ》神社が大物主の神の荒魂をまつったが故に、崇神天皇の御代にたたりをなしたのと似ている。これが多賀神社と鳥をむすびつける大きな契機である。

近江にはたたりやすい多賀大神がもう一社あった。これは『日本霊異記』（下巻二十四）に出ている「野洲郡の御上《みかみ》嶺の陁我《たが》大神」と書かれた神である。『日本霊異記』は奈良時代の民間説話をあつめたもので、成立からいえば『古事記』『日本書紀』と八十年ぐらいしかちがわない。だから犬上郡の多賀大神と野洲郡の陁我大神を混同するはずはないから、やはり「高神」として共通性をもっていたのであろう。この野洲郡の陁我大神は三上山《みかみやま》の山の神らしく、白壁天皇（光仁天皇）の御代に大安寺僧恵勝の前に小さな猿となってあらわれ、我がために法華経《ほけきよう》を読めと命じた。ところが恵勝はこの猿のお告げを信じなかったので、彼の住む住坊は猿のために散々にこわされてしまった。のちに再び堂を建てて経をよむと、この神のたたりはなくなったというのである。

二

このように近江の多賀大社の信仰を「高神」として見てゆくと、多少疑問がとけてくる。このような幽宮としての荒魂の杜にはよく芸能の奉納があるが、これは鎮魂を目的とする御霊《ごりよう》祭儀がおこなわれるからである。天岩戸の神楽のように、鎮魂には歌舞鼓吹(うたい・まい・つつみ・ふえ)するに如《し》くはない。伊邪那岐大神の妃の伊邪那美大神の幽宮は熊野有馬村花の窟であったが、そこで歌舞鼓吹がおこなわれたことはあまりにも有名である。熊野も多賀も幽宮なるが故に烏を神鳥としてあがめることになり、「伊勢へ七度、熊野へ三度、お多賀様へは月詣り」となるのである。

多賀大社の中世の鎮魂歌舞は、私の推定では猿楽だったとおもう。これら多賀の別宮である胡宮《このみや》神社(滋賀県犬上郡多賀町)の神宮寺だった敏満寺《びんまんじ》が、近江猿楽の中心だったからである。敏満寺は世阿弥《ぜあみ》の『申楽《さるがく》談儀』に、

近江はみまし(見増)の座、久《ひさ》しき座也。山科は山科と云所のかせ(猟師)侍成しが、みましが、娘と嫁して申楽《さる》に心ざして、山科の明神に、籠りて進退を祈る。烏《からす》、社坦の上より物を落す。見れば翁面にてまします。此上はとて申楽になり、嫡子をば山

科に置き、弟をば下坂に置き、三男をば日吉《ひえ》に置く。

とあるように、近江猿楽の上三座、山階座（長浜市山階）、と下坂座（同市浜下坂）と日吉座（大津市坂本）の根元は「みましの座」、すなわち敏満寺《みまじ》座なのである。「みましの座」が敏満寺にあてられたのは、能勢朝次《のせあさじ》博士（一八九四―一九五五）の精密な研究考証の結果で、近代の芸能史研究の一大収穫とされているが、これで多賀大社と猿楽の関係、したがって多賀大社の幽宮的性格も浮彫りされるようになった。後崇光院の『看聞御記《かんもんぎょき》』応永二十五年（一四一八）九月十日の条には近江猿楽の未満寺《みまじ》が京都伏見の御香宮《ごこうのみや》に猿楽奉納しておるし、多賀大社の天文《てんぶん》年間（一五三二―五五）の猿楽文書に「地方《じかた》の猿楽役者」と出るのは、この敏満寺に相違ない。したがって『近江輿地《よち》志略』になると、敏満寺の多賀大社能楽神事奉仕がはっきり記録されるようになる。したがって『多賀神社一年中御神事』や、永正《えいしょう》元年（一五〇四）の『多賀神社年中行事記』天文十九年（一五五〇）六月二十日に「手能衆」が出るのも、六月神事猿楽に日吉《ひえ》大夫不在のためだった。

三

『申楽談儀』で山階座の先祖になる猟師侍《かせざむらい》某が敏満寺大夫の娘と結婚して、能役者になろうか、どうしようかと迷って神社に籠《こも》ったとき、彼を能に決断させたもの

胡宮神社の先食台
（滋賀県多賀町）

は烏であった。烏が能面をくわえてとべるかどうかはあきらかでないが、それは神意を烏がつたえたことを意味するだろう。

多賀大社には本殿の横に一メートル二〇センチ位の丸い杭に板をつけた先食台《せんじきだい》があり、別宮の胡宮神社にもおなじようなものがある。この台板の上に平素も神饌《しんせん》をそなえるのであるが、とくに四月二十二日の大祭には、十六日と十八日に先食行事として神饌を供する。平素は毎日これを社頭をはなれぬ二羽の烏が降りて来てたべるといわれている。大祭にあたってもし烏がこれをたべなければ、本殿に神饌をあげることができないので、大祭そのものができなくなる。これは大変なことだから末社の日向神社にそなえて見る。それでも烏がたべなければ、四キロはなれた杉坂山の御神木の下に供えるのだという。

これと似た行事は安芸《あき》の厳島《いつくしま》（広島県廿日市市宮島町）の「お烏喰式《とぐい》」である。神官は養父崎《やぶざき》神社の沖合いに船で行き、藁《わら》船に御幣を立て粢団子《しとぎだんご》をのせてながすと、毎年きまった二羽の烏がたべに来る、というのは多賀大社とおなじである。しかもどちらも古い烏は熊野へ行ってしまって新しい二羽烏と交代するというのも全く同じ伝承なのである。このほか尾張《おわり》の熱田神宮では、摂社御田神社で二月十一日と十一月十一日に烏祭をおこない、粢を神殿の屋根になげて烏にたべさせる。おなじ尾張の津島神社でも二月二十六日（もと旧正月二十六日）に烏呼《からすよび》神事があり、生米を本殿と八柱社の屋根にまいて烏を呼ぶ。

一般には民俗として正月の初山入りに「烏勧請《からすかんじょう》」といって、白餅や粢団子を、

　みさーき　みさーき

というかけごえで空中になげて烏を呼ぶ。烏はそれを空中でうけとるといわれるが、末世になって烏がかならずしもそれを空中で受取らなくなると、白紙に餅や団子をのせて烏を呼んでかえってしまう。普通これが烏勧請である。これは先祖の御魂が烏の姿でかえって来るので、これに供物をたべてもらう信仰から来たものであった。熊野にはこうした行事はなくなったが、童歌《わらべうた》に、

　からすは熊野の　かね叩き
　一日たたいて　麦一升

などとあるから、麦粉団子などを投げて供したことがあるのだろう。しかし熊野が烏を神鳥とすることは、熊野三山の牛玉宝印《ごおうほういん》がすべて烏文字であることや、人が死

ねば烏になって熊野那智の妙法山へ行く、というような伝説にもあらわれている。

このように見てくると多賀大社の先食台や先食行事は、神社がつたえるように、神より先に烏にたべさせて、神がその神饌を納受するかどうかを占うということではすまされなくなる。すなわち「先食」は「みさきぐい」ということで「みさき」は烏のことなのである。熊野でも厳島でも烏を「みさき烏」とよぶのは、烏が神の荒魂の出現を意味するからである。すなわち御先だから神の露払いという意味ではなくて、神や霊の出現（たたり）が「みさき」という意味である。これは死者の荒魂にもいわれて、たたりやすい水死者の霊を「みさき荒神」としてまつったり、「墓みさき」を墓地にまつったりするので一そうあきらかになる。

四

はじめにのべたように多賀大社は淡路の伊弉諾神宮とおなじように、伊弉諾尊の幽宮であり、そのたたりやすい荒魂をまつったことが、鎮魂の芸能奉納と「みさき喰い」すなわち先食台と先食行事であきらかになる。これは熊野もおなじことで、伊弉諾尊の幽宮であり、その荒魂をまつったことからはじまる。多賀も熊野も伊勢神宮の天照大神の親神であるということから、三社にまいることが、中世に伊勢信仰の庶民化とともに一般化した。このことをしめすたしかな史料が伊勢四日市富田善教寺の、阿弥陀如来胎内から発見された「藤原実重《さねしげ》作善《さぜん》日記」である。彼は一二二四年から一二四二年までの信心と奉賽物を記録にのこしたが、毎年の正月一日にはかならず伊勢と熊野と多賀に米を奉納している。

一、正月一日　大しんく《(神宮)》御はな《(花)》米二斗ないけく《(内外宮)》にまいらす

　　同　日　米三斗　たか《(多賀)》のこせん《(御前)》えまいらす

　　同　日　くまののこんけんにおんふしやう《(御仏餉)》米　五斗五升まいらす

などとある。このようなことから、地口によくいわれる「伊勢へ七度　熊野へ三度　愛宕《あたご》様へは月参り」は、「お多賀様へは月参り」とすることが正しいことはいうまでもない。また多賀も熊野もそれが幽宮から出発したことや、烏を神聖視する荒魂をまつった神であるが故に、不浄を忌むとともに、誠心ある崇敬者には、いやちこなる神験ある神として信仰されて来たのである。また両社ともに荒魂の祭を通じて仏教との習合が密接であった。このことは両社の社頭図（曼荼羅《まんだら》）といわれるものでもうかがわれるとともに、両社の信仰宣布に山伏が活動したことであきらかであるが、その詳細は今後の研究にまたなければならない。

祖先供養と日本仏教

一

南都七大寺のような古代の大寺院は、一種の大学として学問研究を目的につくられたが、浅草寺や成田山や川崎大師のような庶民信仰の寺はどうしてできたか、という問題になるとなかなかはっきりしたことはわからない。また一般の墓地のついた菩提《ぼだい》寺、村落寺院となると祖先供養だけが目的なので、これが一体、仏教とどんな関係にあるのか、疑問とする向きも多い。

寺院を分けて南都七大寺のような学問寺、浅草寺・成田山・川崎大師のような祈願寺、菩提寺・村落寺院のような滅罪《めつざい》寺とすることができるが、これらのあいだにはあまりにも大きな相違があって、おなじ仏教からうまれたとはかんがえにくい。東大寺、法隆寺などの学問寺はいかにも堂々としていて歴史がふるく、文化財も豊富で寺院の本格派とおもわれがちである。しかしその歴史をよく見ると、奈良・平安時代の七大寺とは本質的に変化していることがわかる。本質的にというのは何かといえば、古代（飛鳥・奈良・平安）には国家の保護のもとに鎮護国家をいのり、帝王の権威をしめすことによって庶民を威服する目的で、大伽藍《がらん》を建て大仏像を安置した。しかし中世以後はこれを保護すべき国家と貴族が実力をうしなって封建時代に入ったので、なんらかの形で庶民の信仰をあつめなければ維持できなくなった。すなわち、鎮護国家寺院から庶民信仰寺院へ、そして現代は観光寺院に、というのが学問寺の歴史である。

これにたいして、祈願寺は封建諸侯の祈禱《きとう》寺というのもあるが、山岳寺院や村落の小堂が庶民信仰をあつめて、いわゆる霊場となったものが多い。三十三観音霊場や八十八か所霊場などは山岳寺院が多く、浅草寺、成田山、川崎大師などはその本尊の霊験が遠近に知られるとともに、江戸のような近世都市の発展にともなって、爆発的に庶民信仰をあつめたものである。したがって、それは仏教の教理とはほとんど関係なく、もっぱら庶民の現世利益の祈願にこたえるのを使命としている。

一方、菩提寺といわれるものは墓をまもるために出来たもので、日本人の祖先崇拝信仰をもとにしたものだから、かならずしも仏教教理を必要としない。日本の仏教寺院の九割以上をしめる菩提寺が、実際には仏教的原理によったものでなく、日本の民族宗教によって成り立っているということは重大な事実である。われわれは葬式仏教ということばを自嘲《じちょう》的につかったり、仏教非難にもちいたりするが、この事実をみとめないということは、日本人の皮膚の黄色を恥じたり、髪の毛の黒いのを自嘲するようなものであろう。この葬式仏教のなかに、むしろ日本宗教の真実を見出さなければ、日本の仏教は自己分解の運命におちいるにちがいない。

二

先祖供養と葬式仏教の批判のなかで、祈願寺といわれる霊場寺院も、どんどん納骨堂や位牌堂をつくる。私はこの間木曾御嶽《おんたけ》山へ調査に行ったら、御嶽神社ですら祖霊殿をつくって先祖供養をうけつけ、祖霊祭の当日なので信者のあげた祖霊供養旗で村中がうずまるばかりであった。神官の話では近く納骨堂をたてる計画があるという。もっとも御嶽山には高野山の石塔とおなじ霊神碑というものがあって、信者の墓碑が参道の両側に立ちならび、黒沢口登山道と王滝口《おうたきぐち》登山道とあわせて一万基ぐらいある。もと修験道だから神仏習合といえばそれまでだが、旧官幣社でも境内に古墳をもつものがすくなくない。いろいろの点からみて日本人の宗教の対象は死んだ祖先であり、墓であり、その御霊《みたま》を家のなかにもちこんだ位牌、仏檀であるといえよう。この点がどうしてもインド直輸入の仏教と日本仏教のあいだの違和感としてのこるのである。

そこで位牌というものがどうしてできたかといえば、日本人は死者そのものは遠ざけてその霊魂だけをまつる民族なので、霊の依代《よりしろ》として位牌をまつるようになった。もっとも現今われわれが見るような位牌は、室町初期ごろからあらわれてくるが、これが儒教で祖先をまつる神位の牌というところからでていることはまちがいない。

しかし、私はもっと以前は常磐木《ときわぎ》の枝を依代（霊代《みたましろ》）としてまつったので、これを斎木《いわいぎ》というところから「いはい」の名が出来、位牌の文字をあてたものとおもっている。いまも京都のお盆には精霊《しょうりょう》迎え（魂《たま》迎え）に槇《まき》の枝を買って来るのは、常磐木で祖霊を斎《いわ》い祀《まつ》った証拠であるし、山村のお盆で山から樒《しきみ》の枝をとって来て「盆花迎え」というのも、山から樒にのった祖霊をむかえるのであって、仏壇にかざるお花をとって来るのとはちがう。この槇や樒がすなわち位牌の原型なのである。

ところで日本人は祖霊の祭を一年のなかの特定の季節におこなう習俗があり、お盆、春秋両彼岸、四月八日、十夜などに魂祭《たままつり》をする。四月八日は釈迦《しゃか》誕生をいわう灌仏会《かんぶつえ》と重なったが、山寺では先祖供養の塔婆立てをする日で、この日に山で取った花を里にもって来てまつるのが本来の花祭だった。このほか十一月二十三日も魂祭の日で、皇室が皇祖天照大神をまつる新嘗《にいなめ》祭を庶民は「大師講」といって祖霊をまつったが、いま勤労感謝の日となっている。また大晦日の夜に魂祭りしたことも鎌倉時代末期の『徒然草』に「つごもりの夜は……なき人のくる夜とて霊祭るわざは、この頃都にはなきを、あづまのかたには猶する事にて有りしこそ、哀れなりしか」とあることであきらかであり、正月すらも先祖祭だったのである。

三

日本仏教はよく「家の宗教」といわれ、家単位に宗派をきめ、何宗かの寺を菩提《ぼだい》寺として先祖供養をする。これは家族制度という日本社会の基礎構造に、封建時代の宗門改めという宗教統制がくわわってできたもので、かならずしも日本人の宗教形態とはいえない。そうかといって、宗教は個人の自覚だといって集団を否定することも正しい形ではない。むしろ日本人は宗教の名において集団をつくり、集団ぐるみの救済をかんがえる民族だとおもう。講というのはまさしくそれであり、融通念仏の原理も集団ぐるみの往生である。

先祖供養も家毎に仏壇をつくり、家族だけのお盆や法事をするのは、比較的あたらしいと私はかんがえている。お盆の施餓鬼《せがき》といって地域社会全部が寺にあつまって、合同の先祖供養をするのが日本宗教本来の姿だったのである。これを、も一つ大きくすると、霊場の位牌堂や納骨堂を中心に、地域と宗派をこえた普遍的《カトリック》な信仰集団が結成されることが日本仏教の理想でなければならない。高野山や比叡山や善光寺はそのような意味での日本人のあこがれとして発展した。ちかごろは東北地方

山寺立石寺の岩塔婆（山形市）

の恐山《おそれざん》や山寺立石寺《りっしゃくじ》なども注目され、宗派をこえて納骨したり供養したりする。恐山に供養の積石の累々たるを見、立石寺の奇岩に無数に戒名をほりこんだ位牌形の岩塔婆《いわとうば》を見るとき、私は日本の庶民の心と、その心が生んだ日本仏教の真の姿を見る思いがする。そこでは、我が家の死者への悼《いた》みを霊場におくりしずめることによって医《いや》すとともに、そこにつどう三界万霊への供養もあわせおこなう美しい心を見るからである。

Ⅳ——庶民信仰と民俗

奈良の庶民信仰

勧進と庶民信仰

南都六宗とよばれる三論・法相《ほっそう》・倶舎《くしゃ》・成実《じょうじつ》・華厳《けごん》・律の諸宗が律令国家の保護のもとに、大伽藍《がらん》と広大な荘園をほこった奈良時代においても、庶民のあいだに朋党をかまえて歴門仮説する、反律令的私度僧の横行はさかんであった。そのような庶民宗教家を組織して、東大寺大仏造立の勧進に成功した行基《ぎょうき》も、養老《ようろう》元年（七一七）四月二十三日の詔では、

方今小僧行基并弟子等、零㆓畳街衢㆒、妄説㆓罪福㆒、合㆓構朋党㆒、焚㆓剝指臂㆒歴門仮説、強乞㆓余物㆒、詐称㆓聖道㆒、妖㆓惑百姓㆒

と非難される勧進僧集団の頭目にすぎなかった。かれらは形は沙門でも沙弥《しゃみ》・優婆《うば》塞《そく》・聖《ひじり》とよばれる私度僧で、妄説仮説の唱導によって庶民の心をつかみ、造寺、造塔、造仏、写経の作善《さぜん》を勧進して、みずからの生活をまっとうしようとした。古代

の庶民の仏教は、これらの沙弥・優婆塞・聖の勧進の結果として成立したが、それはすでに奈良時代以前からのことらしく、役《えん》の優婆塞の徒は日本固有の山岳宗教を根幹とした、庶民仏教をつくりあげていた。また歳次丙戌年（おそらく天武《てんむ》十五年〈六八六〉）の奥書のある金剛場陀羅尼経（小川睦之助氏蔵）には「教化僧宝林」の名があって、知識結《ゆい》と唱導を専業とした僧の存在がみられる。奈良時代に入ると、天《てん》平《ぴょう》十一年（七三九）から天平勝宝《しょうほう》九年（七五七）にいたる十九年以上の勧進によって完成した、紀州花園村旧蔵大般若経の奥書に(1)「河東化主《けしゅ》諱万福法師」の名がみえ、勧進によって知識（講）をむすんでは、写経と架橋をおこなった化主の存在をみとめることができる。『日本霊異記』（巻下十九）の猴聖《さるひじり》が、私度の尼ながら化主(2)にして舎利菩薩といわれたのも、おなじような勧進の功によったものであろうが、天平宝字《ほうじ》五年（七六一）歳次辛丑九月十七日の年紀ある大法炬陀羅尼経（田中光顕氏蔵）にも、この経を勧進した知識頭主を「延光菩薩」と菩薩号をもってよんでいる。霊異記にはそのほか教化勧進によって菩薩と称された僧は永興（南菩薩）・寂仙・金鷲行者（金鷲菩薩）などをかぞえることができ、行基が菩薩とよばれたのはその勧進行為のためであったとしなければならない。このことは中世になっても奈良元興寺極楽坊の、文永五年（一二六八）造立聖徳太子立像胎内から発見された、太子供養仏供（一升一千坏）勧進願文に勧進者と目される(3)「前仙洞若（和歌）所之寄人、今山林流浪之修行者」が、みずから善順菩薩と称したことにもつながっている。

このような勧進僧は庶民のこころをとらえるために、民族宗教と仏教の融合をはかり、素朴な祖霊崇拝や山岳崇拝を基底とした、庶民仏教をつくりあげた。これはインド仏教や中国仏教と比較すれば、ほとんど仏教といえないまでに変形されたものであったが、仏教を庶民のあいだに浸透させ、庶民の力によって仏寺や法会や教学を維持するためには、やむをえないものであった。われわれは奈良や京都の華麗な仏教的文化財に目をうばわれて、これを維持相続した庶民の力と、この力を結集した勧進僧のはたらきをわすれてはならない。また『日本霊異記』から『今昔物語集』をへて、中世の説話文学にいたる文学的風土が、すべて勧進によって開拓されたものであることも、記憶する必要があろう。庶民のこころをとらえる勧進聖の唱導は、ひとり文学活動にとどまらず、大衆動員のために芸能が利用され、大念仏や狂言、延年、説経のなかにあらゆる既存芸能をとりいれて、新しい庶民芸能をつくりあげた。そしてこれら庶民的仏教文化を一貫してながれるものは、民族宗教に根ざした庶民信仰にほかならなかったのである。

勧進という宗教行為は従来あまりにも美化され、抽象化されてかんがえられていたようであるが、現実には造寺、造塔、造像、写経はもとより、法会や僧供の資糧としての米銭を、大衆からあつめる経済活動であった。したがって南都諸大寺が国家や貴族の十分な庇護《ひご》のもとにあるあいだは、その必要はなかったのであるが、東大寺大仏建立にあたっても、行基をして弟子等をひきいた衆庶を勧誘せしめた。多人数の知識（同信者）を結集すればするほど、その一人一人がうける功徳は相乗的に増大するという知識勧進の論理があったから、大寺院建立に勧進はつきものであった。いわんや平安中期になると、寺領荘園はそのなかに発生した在地土豪によって蚕食され、朽損堂舎の復旧営繕に困難をきたすようになり、庶民の一紙半銭をあつめる勧進に依存せざるをえなくなった。したがって寺院焼亡後の再建や修理があれば、配下に多数の勧進聖をもつ大勧進聖人をまねいて、これにゆだねる方法がとられたのである。奈良の仏教的庶民信仰はこのような勧進の結果あらわれるのであって、そのもっとも典型的な例を元興寺極楽坊がしめしているので、これを中心にのべてみたい。

智光曼荼羅と庶民信仰

奈良時代の元興寺の唯一の遺構として現存する極楽坊（奈良市中院町）が、奇蹟的に今日まで遺存しえた理由は、これが庶民信仰にささえられていたからである。

智光曼荼羅（『覚禅抄』）

現在の極楽坊は本堂と禅室の二宇の建物より成るが、これは奈良時代の元興寺僧房四棟のうち、東南の一棟（十二房）の東部八房がのこったのを、平安時代末期に二宇に切ったものである。この東室南階大房とよばれた僧房一棟も、長元《ちょうげん》八年（一〇三五）の元興寺堂舎の「検損色帳」によれば、すでに屋根は朽ち簷《ひさし》はおちて倒壊寸前であった。しかしこの棟だけを廃滅からすくったのは、この棟の東端にあたる東第一房に、智《ち》光《こう》曼荼羅《まんだら》があったためであろう。というのはちょうどこのころできた『日本往生極楽記』の智光伝に、はじめてこの曼荼羅の由来が記載されるからで、それまでの智光伝は彼をむしろ行基の敵としてあつかい、『日本霊異記』は智光が行基をののしった罪で、地獄におちた話をのせるにすぎない。すなわちこの曼荼羅を世に紹介し、智光は極楽を見て蘇生した往生人とする唱導を創作したのは、この荒廃の僧房にあつまった勧進聖であった。

智光曼荼羅は「掌《たなごころ》の曼荼羅」といわれるほど小さいもので、縦横一尺ぐらいの板絵であった。智光が極楽へ行って阿弥陀如来からしめされた極楽のありさまを、蘇生して絵師にえがかしめたというのも唱導らしい紋切型であるが、このように小さくてポータブルであることが勧進聖にはいちばん都合のよいことであった。というのはどこへでも簡単にもちはこびができ、随所でひろく結縁せしめることができるからで、康和《こうわ》元年（一〇九九）八月八日に藤原師通の中陰供養のため、京都にはこばれ（『時範記』）、平安末には後白河院に進覧せられた（『覚禅抄』）のも、かんたんに移動しうるからであった。

『今昔物語集』（巻十五第一）によると、そのころにはすでに勧進聖や庶民による百日講または往生講ができていたようで、

　其ノ房ヲバ極楽房ト名付テ、其ノ写セル絵像ヲ係テ、其ノ前ニシテ念仏ヲ唱へ、講ヲ行フ事、于レ今不レ絶ズ。心有ラバ、必ズ可ニ礼奉一キ絵像也トナム語リ伝へタルトヤ。

としるされ、朽損の僧房四房をつぶして残り八房を修理改造し、極楽坊という名の独立した庶民信仰の中心ができあがっていた。この極楽坊には二つの庶民信仰の対象があったので、改造のとき、一房だけつぶして馬道をあけ、二つの堂に分離されたらしい。すなわち智光住房を含む東の三房は曼荼羅堂（現在の本堂）となり、西四房は春日明神が弘法大師の前にあらわれたという影向《ようごう》の間をふくむ禅堂となった。

その後も嘉応から建久のころ（一一六九―九九）改造がおこなわれ、その勧進には西行法師の参加がつたえられている。このときの勧進の遺物として蓄積された柿経《こけら》（木簡経）には、西行の筆があると信じられていた。

ところで『今昔物語集』に智光曼荼羅をかけて念仏をとなえ、講をおこなったという具体的内容は、昭和の解体大修理工事で発見された、本堂内陣東面間柱《まばしら》の刻銘寄進文七筆（嘉応三年〈一一七一〉・建仁元年〈一二〇一〉・建永元年〈一二〇六〉・承元三年〈一二〇九〉・建暦元年〈一二一一〉・貞応元年〈一二二二〉・天福元年〈一二三三〉）によって、百日講経と百日念仏であることがあきらかとなった。そしてまた建久八年（一一九七）の百日講経を墨書した旧榍材《まぐさざい》も天井裏から発見されて、これが四月十四日から七月二十八日まで、百五日間の行事であることもはっきりしたのである。しかも東大寺の宗性のかきのこした『讃仏乗抄』（第八）には、建久八年の「極楽坊追修善根式」がのせられており、この百日講経・百日念仏には、百人結衆と二十五人結衆の二つのグループがあって、結衆の死後には他のものが葬送から追善供養までをおこなう、二十五三昧講の形式をもっていたことがわかる。ここにあらわれた庶民信仰として注意しなければならないことは、百日間の法華経の講経と百日間の不断念仏が、智光曼荼羅を媒介としてどうして結合したかという点である。これを天台の法華三昧と常行三昧の併修ということで解決するのは簡単であるが、ここに庶民信仰の根本的なパターンを見出す必要がある。というのは、すでにあげた本堂内陣東面間柱の刻銘寄進文のなかに「滅罪生善、往生浄土」あるいは「滅罪生善、出離得脱」など滅罪を強調する信仰があることで、智光曼荼羅による浄土往生のねがいは、法華経による滅罪を前提としなければならないことをしめしている。

法華経の滅罪信仰は、すでに国分尼寺をもって法華滅罪寺としたころからはっきりあらわれるが、『日本霊異記』も『法華験記』も、この信仰をしめす説話をのせている。天台四種三昧としての法華三昧と常行三昧（念仏三昧）は、教理的には止観行としておこなわれたにしても、信仰的には滅罪を前提とする往生の行であった。したがって死者の罪業を滅して、往生または菩提にいたらしめるための法華懺法が、さかんにおこなわれたのである。このような滅罪信仰は、日本の民族宗教における穢《けがれ》を罪とする考え方を基調としている。これに仏教の罪業観を結合した滅罪信仰を勧進聖はたくみに利用して庶民のこころをつかんだ。というのは勧進聖は罪穢を滅しはらうための作善をすすめて、造寺、造塔、造像、写経の名のもとに庶民の喜捨をあつめたからである。しかしこのような滅罪を前提とする往生信仰を雑行雑修として、ただ弥陀の本願にたのむという専修念仏が法然《ほうねん》や親鸞《しんらん》によってとなえられた。これはたしかに日本仏教と浄土信仰の純化であったにもかかわらず、庶民は滅罪とむすんだ往生を信じ、死者の罪と穢をはらう呪術的作善をおこなっていたのである。

この作善はひとり奈良にとどまらず、全国いかなるところでもおこなわれたが、奈良にはとくに多くの資料がのこされているのは興味ぶかい。

多数作善と庶民信仰 (一)
——千部経・千坏供養・万坏供養・万燈会——

庶民信仰の特色はすべて集団的であり数量的であることで、多数知識(同信者)による多数作善《さぜん》がもっとも功徳が多いとされた。これは庶民の一人一人は平凡で無力であるけれども、集団をなせば強力であるという自覚から出たのであろうが、古代の氏族共同体の集団生活が宗教生活に反映したと見ることもできよう。これに反して貴族は個人で多数作善をして、一人で大きな功徳をうけようとする傾向があった。しかし庶民はできるだけ多数者の結合によって大きな作善をして、その功徳をひとしくわけようとする。古代の知識結《ちしきゆい》はこの要求からうまれた。しかしひろく知識をむすんで作善をすすめるのは勧進聖であるから、多数作善はたいていのばあい、勧進活動の結果としてあらわれることになる。河内の知識寺はこのようにしてできたものであるが、その本尊は聖武《しょうむ》天皇発願の東大寺大仏に匹敵するもので、仏像(4)・堂宇・経巻すべて知識の奉加を結集したものとおもわれる。

したがって千部経・万部経・千坏供養・万坏供養・千燈会・万燈会などは法華経の一部や燈明の一燈を、千人万人があつまって成就するところに意味があった。「長者の万燈、貧者の一燈」というのは貧者が一燈ずつ万人で万燈をあげる方が、一人で千燈万燈をあげるより功徳が大きいという意味である。千部経・万部経についていえば、正暦《しょうりゃく》三年（九九二）に摂政藤原道隆が法興院に法華経一千部を供養し、同道長が寛仁《かんにん》三年（一〇一九）に八万法華経を供養し、同頼通が万寿《まんじゅ》四年（一〇二七）に薨《こう》じた父道長のために千部法華経を供養したことなどは、いずれも一人の作善である。ところが奈良では、鎌倉時代から法華経を二十行ずつに切って表紙をつけて一巻とし、これを千人の奉加によって千部読誦するのを千部経と称して、東大寺、興福寺、白毫寺、長谷寺などでさかんにおこなわれた。元興寺極楽坊でもおこなわれたらしく、折本千部法華経の四十九帖がのこっていた。その一冊には「大仏殿千部経」の朱印と「奉加百文二親幷一切衆生為也　嘉元四年七月三日」などの墨書がみられる。一巻百文として千部読誦すれば百貫文の奉加銭がえられるはずで、これを長谷寺の堂舎の修理料にあてた例が『大乗院寺社雑事記』に見え、『金峰山草創記』では千部読誦法華経を三日間おこなったところ、近国の持経者が群集したとある。この金峰山の千部経では、結願の夜に万燈会供養があったというから、この方でも多数の結縁奉加があったはずである。これに結縁しようとあつまる庶民は、このような機会をとらえて先亡の両親や死んだ子供の追善供養をとげるのがつねであった。

千坏供養・万坏供養もかなりよくおこなわれた多数作善で、一枚の小さな紙片に、

　太子供養御仏供一升一千坏之内　卯月八日

と刷った千坏供養札と、

　元興寺南大門万坏供養之内　七月十四日

と刷った万坏供養札が元興寺極楽坊から出ている。前者は文永五年（一二六八）造立の聖徳太子立像の胎内から六百五十一枚が発見され、これにともなう願文もあって、これが善順菩薩と名のる勧進聖によって発行回収されたものであることがわかる。ここの紙片の裏に奉加十文ないし二文と書かれたものが三十三枚あり、その合計金高は二百文で、他は一枚一升とすれば米六石一斗八升となる。また奉加者のこころざす死者（過去者）の名や願意を書いたものが三百三十六枚あり、「すわうによかならずたいしにみちひかれまいらせ候也」とか「為悲母尊霊成等正覚　延命女」など、庶民の赤裸々な宗教感情をあらわしている。

　これに類するものとしては法隆寺に「法隆寺万坏供養之内　米一升　来十一月十六日」「法隆寺西円堂千□《坏カ》万坏供養之内　一坏　来十月八日」「法隆寺岡本塔万坏供養之内　一坏　来十月廿二日」などの勧進札がのこっており、時代的にも極楽坊と

おなじである。この方は法隆寺のために勧進した円覚十万上人道御《どうぎょ》(6)に関係があるらしくおもわれる。この道御は聖徳太子の御夢告によって、弘安二年（一二七九）に嵯峨清凉寺の融通大念仏をはじめ、また壬生寺や法金剛院でも、この大念仏を興行した著名な勧進聖である。

元興寺南大門万坏供養札の方は七月十四日の盂蘭盆会《うらぼんえ》であるから、これはおそらく万燈会の油を土器《かわらけ》一坏分ずつ、一万坏を勧進したものであろう。すなわち万坏供養も千坏供養も、もとは万燈会・千燈会の油一坏分を寄進するところからおこり、のちには米銭をもって代納することになったものである。このふるい例は『続日本紀』天平十六年（七四四）十二月八日の条に、

度一百人　此夜於金鐘寺及朱雀大路燃燈一万坏

とあるもので、これはおそらく国費によったものであろう。また空海が弟子等とともに高野山で、毎年一度ずつ万燈万華会をいとなむ願文を草したのは天長九年（八三二）八月二十二日で（『性霊集』巻八）これも空海個人の営《いとなみ》であったとおもわれる。しかし『今昔物語集』（十二）の薬師寺万燈会になると、

音楽ヲ宗トシテ歌舞無レ隙シ、夜万燈ヲ挑《かかげ》テ様々ニ飾レリ。此レ皆寺僧ノ営ミ檀越ノ奉加也。

とあるように勧進と奉加によっていとなまれるようになる。元興寺の万燈会は『続

日本紀』や『延喜式』によれば十月十五日であったが、これを南大門で盂蘭盆に行なうようになるのは、有縁無縁の三界万霊をあつめて、鎮めまつる意味の庶民信仰からでたものであろう。現在奈良では、節分の夜と七月十五日の夜に、春日神社にある数千基の燈籠（石燈籠と釣燈籠）に火を入れる万燈会が行なわれ、また元興寺極楽坊で八月二十四日の地蔵盆に、名士寄進の燈籠をかざる万燈会があって、わずかに往時のおもかげをのこしている。

多数作善と庶民信仰 (二)

——千体地蔵・板絵千体仏・印仏・塔婆・杮経——

多数作善の信仰はそのほかいろいろの形態をとるが、奈良でよくおこなわれたものに千体地蔵がある。元興寺極楽坊には板彫と丸彫の二種の千体地蔵がのこされていて、板彫（九〜一〇センチ）は鎌倉時代、丸彫（八〜一二センチ）は室町時代の作とされている。板彫のものには釘穴があるので、一体一体長押《なげし》か板壁にうちつけられたものとおもわれる。その起源は板絵千体仏にあって、板絵の地蔵を切り抜いて何回でも奉加に応じて使用できるようにしたのである。丸彫の方はもっと簡便化したもので、像の下に竹の刺串があり、これを奉加のあるたびに奉献台（五段で百五十体ぐら

板絵千体仏（元興寺極楽坊）

いずつ立てられる）の穴に立て、何回でも使えるようにしている。このように立てないでも、書棚のようになった箱にならべて、安産祈願に一体を借りて、のち二体にしておさめるものもあり（鎌倉の覚園寺）、極楽坊のも借出しがおこなわれていたのかもしれない。奈良では福智院の本尊地蔵尊の光背に丸彫千体地蔵が行儀よくならべられており、本尊と同時の鎌倉中期のものであるが、移動はできないようである。新薬師寺にもあるが、もはやその信仰はわすれられている。千体地蔵のもとになった板絵千体仏は京都大原三千院本堂（往生極楽院）の板絵（もと三千仏がえがかれていたらしい）や、兵庫鶴林寺太子堂小壁板絵などもあるが、奈良では興福寺三重塔扉絵に鎌倉時代初期のものがのこっている。元興寺極楽坊では本堂内陣の四方に極楽曼荼羅があると『諸寺縁起集』（元興寺の部）に書かれたのは、実は大部分千体仏板絵であったらしく、寛元《かんげん》二年（一二四四）の改修にとりはずされた板絵残片が、五十枚ほど発見された。これらは千体阿弥陀の連坐像がもっとも多く、裏には南無阿弥陀仏の名号をくまなく墨書して、その信仰のなみならぬことをうかがわしめる。なかには千体釈迦連坐像や千体観音連坐像もあるが、けっして堂内装飾のためとはいえない稚拙なものばかりである。したがってこれも庶民のねがいによって書きくわえられていったものとおもわれる。また同時に発見された板絵のなかには、一尺四方くらいの方形板絵となづけられる板絵が十四枚のこっている。おそらく原智光曼《げん》茶羅に真似て堂内に掛けたものとおもわれて紐穴《ひもあな》もあり、一種の絵馬である。絵馬は『今昔物語集』（巻十三の卅四話）に板彫の絵馬の話がみえるから、その起源はふるい。それは今日の三春駒のごとき馬形の地抜きで、方形の板にかいて神仏の堂にかけるものではなかった。したがってこの方形板絵は今日の絵馬の源流をなすとおもわれる。これらが庶民のいかなる願意をもってかけられたかはあきらかでないが、地蔵菩薩や弥陀地蔵併坐、あるいは弥陀三尊などが多いところをみると、死者の往生をねがって智光曼茶羅のかたわらにかけられたものとおもわれる。

多数作善信仰で、なおいちじるしいのは印仏《いんぶつ》である。これも平安時代の貴族は、個人の作善として毎日一体ずつ摺る例が関白藤原道長や忠実にみられるし、『拾遺往生伝』の維範《ゆいはん》阿闍梨《あじゃり》なども個人作善の印仏を行なっている。しかし今日みられる大多数の印仏は、多数者の結縁による作善として摺られたもので、特に仏像胎内におさめられたものは、この造立の勧進に応じた人々がおさめたものである。今日遺存する最古の印仏は、奈良市中川成身院の毘沙門天胎内納入毘沙門天院仏で、

応保二年壬午三月七日癸卯鬼宿日曜供養了　千躰之内

という紙背墨書があって、千体供養勧進であったことがわかる。興福寺東金堂十二神将立像胎内納入の蓮弁型紙押薬師如来印仏（建永二年〈一二〇七〉）も、紙背に勧進に応じて結縁した人々の名が書かれている。数で多いのは京都法金剛院の十一面観音坐像胎内納入のもので、紙背には「一万三千人内」と書かれている。胎内奉籠でない印仏には善光寺の一光三尊大型印仏がある。「善光寺　六万躰内　本願主賢暁□□□進　成阿弥陀仏」の印語があり、鎌倉時代中期のものである。奈良では室町時代になると『大乗院寺社雑事記』（文明十年〈一四七八〉七月六日）には、

福智院地蔵堂修理（中略）地蔵六万躰摺之、十方勧進也、聖六人善久ニ仰付之了。

と地蔵堂修理の費用を勧進するために、印仏を六万体も摺った例がある。元興寺極楽坊でも、文永五年（一二六八）造立の聖徳太子立像胎内から、大型太子印仏が十四紙出たが、これには結縁を記したものがふくまれている。

またこの寺の正中二年（一三二五）造立とされる弘法大師坐像の胎内には、朱刷のめずらしい愛染明王印仏が四十三枚入っていた。一枚に五十体前後の印仏が三段に押されているが、これは多数結縁による多数作善ではなくて、この仏像胎内に願文をおさめた珠禅の個人的作善のようである。しかしこれを経巻（三種法華）とと

もに巻いて、胎内の空洞に吊りさげた一本の軸木には、四十七人の結縁者の名を書いて縒《よ》った二十九本の勧進紙縒《かんじんこより》がしばりつけてあった。庶民信仰における結縁ということは、このように具体的に物をむすぶという行為にしめされるもので、社寺の御籤《みくじ》を境内の木にむすぶ行為とともに、古代の「魂の緒」で「魂結び」する信仰に通ずるものがある。そして仏像胎内にしばしばおさめられる結縁交名帳《きょうみょうちょう》はこの魂結びを変形したもので、本尊と結縁者をむすびつける意識を勧進に利用したものと思われる。

なお勧進紙縒《かんじんこより》という名称については『近代世事談』（五、人事門）が「観世縒《かんぜより》」の訛《なまり》とし、『合類節用集』（七、器財門）が「貫銭縷《かんじんより》」とする説をあげるにもかかわらず、この弘法大師像胎内発見例によって、「勧進紙縒」がただしいとしなければならない。奈良ではまた最近六条町柳の柳観音堂から建武元年（一三三四）の年紀と「奉加十一文　大興寺分　良専房沙汰」「奉加銭十一文善□□」「捧加銭参十壱文明円　建武元□□□□」「御仏用途事□□房沙汰　□□文　右沙汰□□□如件　建武□□□□」等の墨書ある勧進紙縒が、本尊長谷寺式十一面観音の裾裏枘穴《ほぞあな》から発見された。長谷寺の勧進聖がこの像をつくって堂を建立したときの、勧進のあとをしのばしめるものである。

庶民信仰における多数作善で、もっとも顕著なものは木製塔婆と柿経《こけら》（木簡経）

であろう。木製塔婆は、文治二年（一一八六）北条時政の銘ある伊豆願成就院の大型板五輪卒都婆と、建仁三年（一二〇三）俊乗坊重源造立の伊賀新大仏寺印仏版木板五輪塔が、現存するものではもっともふるいとされている。これにたいして奈良では福智院や往生院の大型板絵卒都婆が、慶長年間（一五九六―一六一五）のものとして知られていたにすぎなかった。しかし元興寺極楽坊からは鎌倉時代と判定される中型角柱五輪卒都婆（長サ二四センチ、幅二センチ、厚サ一・八センチ）と中型板五輪卒都婆（長サ三〇センチ、幅三・三センチ、厚サ〇・六センチ）が発見された。とくに角柱五輪卒都婆は頂部を方錐形にけずり、その下に二線をきざみ、この頭部全体を墨でそめたもので、『餓鬼草紙』にえがかれた墓上の千本卒都婆に相当する。しかし脚部がとがっていないので、これは墓上に立てられるものでなく、納骨とともに奉納されるものであったろう。その四面には「南無大日如来」「南無阿弥陀如来」「南無釈迦牟尼如来」「南無当来導師弥勒慈尊」と墨書し、顕教・密教・浄土教の混淆《こんこう》した信仰内容をもっているのも、庶民信仰らしい。また中型板五輪卒都婆は頂部三角形に二段刻込みをつけ、頭部を黒く塗るもので、「南无地蔵菩薩」の墨書がある。ともに頭部に五輪型（宝珠形・半月形・三角形・円形・方形）をきざみだしていないところに、まだ密教化が十分でない段階をしめしている。これはこの寺では鎌倉末期から、すなわち弘法大師坐像が造立されるころから密教化がおこなわれるので、その時代もほぼそのころと推定される。

　ところがこの寺では、本堂本尊阿弥陀如来坐像の厨子や床下から、一万六千八百余個の木製小型五輪塔が発見されている。この類品は興福寺や当麻寺・中尊寺・立石寺からもでている。類似のものに籾《もみ》塔があり、室生寺からも多数発見されている。籾塔は中に籾を入れて舎利に代えるわけで、わが国の庶民信仰における穀霊信仰との結合をみとめることができる。極楽坊のものは密教化して五輪を正確にきざみこみ、これに𑖏《キャ》𑖮《カ》𑖨《ラ》𑖪《バ》𑖀《ア》の五輪の種子《しゅうじ》や𑖮𑖿𑖨𑖱𑖾《キリーク》の弥陀種子、𑖀《ア》・𑖪𑖽《バン》の金胎両部大日種子などの梵字を墨書し、まれに「南無阿弥陀仏」「南無不動明王」などがある。これを庶民信仰の系譜からたどれば、おそらく古代信仰における神霊をまつるに木をもってすること、あるいは神や天皇に薪（みかまぎ）を献ずる信仰が、密教の五輪思想と結合して、庶民化したとみることができよう。

　柿経《こけら》は中国の木簡・竹簡と奈良時代の木簡に源をもとめることができるであろう。しかし庶民信仰を托すべき素材としては、紙よりは木や石がもちいられるという習俗も無視するわけにはいかない。極楽坊からは、破片をくわえれば二万本ほどが天井裏から発見され、地下からは未整理ながら十万本近いものが発掘されている。その時代は古くから「西行法師自筆の木簡経あり」と『極楽坊縁起』にしるされたように、平安末からはじまり、室町初期にわたる筆跡が検出されている。法華経・無量義経・観普賢経・阿弥陀経・般若心経、のいわゆる三種法華が大部分で、これに梵網経・理趣経・地蔵本願経および種々の陀羅尼がくわわる。柿経はふつう長さ三〇センチに幅二センチぐらいのうすい檜の木片に経文を一行十七字（偈頌《げじゅ》は十六字か二十字）ずつ裏表に書いて、二十本を一束（一把）にくくる。それを法華経巻一ならば十三束（第十三束目は十五本で一束）を一巻としてたばねる。結縁者はおそらく一束ごとに奉加したとおもわれ、法華経八巻ならばおよそ百三人の結縁で完成するし、三種法華全部ならば百二十人の結縁で完成するのである。これが毎年の百日講経と百日念仏に勧進されたとすれば、その蓄積は莫大《ばくだい》なものであったはずであるが、しだいに散佚《さんいつ》して現在のものはそのごく一部にすぎない。

納骨と庶民信仰

元興寺極楽坊は、智光曼荼羅にたいする浄土信仰にささえられて、平安末から鎌倉末期まで庶民信仰の中心としてさかえた。ところが鎌倉末期からこの寺への納骨がはじまり、その信仰と勧進形態が変化した。この変化は鎌倉中期の寛元《かんげん》二年（一二四四）に、本堂の大改修がおこなわれたことから出発するらしく、百日講経はおこなわれず、七昼夜大念仏がこれに代わることになった。(7) そして智光曼荼羅もお盆の開帳以外は大衆の目にふれなくなったことが、応永《おうえい》（一三九四―一四二八）のころの酉誉《ゆうよ》聖聡の『拜見記』にうかがわれる（「当麻曼荼羅疏」）。これは季節的開帳にだけ智光曼荼羅を信仰の対象にすることから、本尊阿弥陀如来への常時の信仰へきりかえたことを意味するもので、納骨および死者供養によって寺が維持されるようになったのである。そして百日講経の法華経によって、死者の生前の罪穢が滅罪されるかわりに、密教の陀羅尼と地蔵信仰による滅罪が強調されるようになった。これが鎌倉末期から室町初期にかけての柿経《こけら》に、滅罪真言や随求《ずいぐ》陀羅尼、光明真言などがあらわれる理由で、これらは尊勝陀羅尼、宝篋印陀羅尼とともに、死者滅罪の呪力あるものと信じられた。これと同時に弘法大師像も造立され、密教の梵字をかいた木製小型五輪がさかんに奉納されて、この寺の密教化は決定的となり、木製五輪塔に骨の小片をおさめてこの寺に納骨する風習がはじまった。これと時をおなじくして地蔵本願経が柿経にうつされたり、地蔵印仏が死者の書いた消息の裏に押されて奉納されたのは、おなじく六道能化の地蔵菩薩によって、死者の地獄の苦を消滅させようとした庶民信仰のあらわれである。すなわち庶民信仰では、ただこの寺に納骨すれば極楽に往生できるということだけでは安心できないのであって、生前の罪穢による堕地獄の苦を滅する滅罪に、より現実的な救済を感じたのだとおもう。これは日本の固有信仰における死後の世界が、苦にみちた煉獄《れんごく》であるという観念に支配されたもので、浄土教の極楽往生よりも、密教による滅罪が庶民をとらえた所《ゆえ》以《ん》である。

またこの寺の納骨形式が、長押に骨を入れた木製五輪塔型納骨器を釘《くぎ》でうちつけたことも注意を要する点で、文明十三年（一四八一）四月二十九日には、関白一条兼良の骨も金箔塗の五輪塔に入れて、この長押にうたれた(8)。いまも奈良では納骨することを「骨をかける」というのは、このような納骨が一般的であったことをしめすものとおもわれる。ところがすこし注意すると、日本の庶民は骨を高いところにおさめる風が、かなり一般的であったことに気付く。高野山納骨も、恐山や羽黒山の納骨も、山上の霊場にこれをおさめることに意味があり、山形県の山寺立石寺では、全山いたるところの風蝕洞穴に投げあげられる。また山形県の西村山郡、北村山郡地方には

釘で打ち付けられた木製五輪塔型納骨器
（奈良市、西大寺奥之院）

「骨掛《こっか》け習俗」があり、火葬後の骨また骨をつつんだ菰《こも》を、墓側の樹にかける。この習俗は遠く沖縄にもあって、明治（一八六八―一九一二）末年ごろまでは洗骨した髑髏《どくろ》を芭蕉布《ばしょうふ》につつんで、風葬地の周囲の樹につるしたという。これらをみても、元興寺極楽坊の納骨五輪塔を長押にかけたことが、日本固有の庶民信仰に根ざしていることを知ることができるであろう。

以上奈良の庶民信仰を元興寺極楽坊のばあいを例にとってのべたのであるが、このような信仰は勧進聖によって仏教化されて、造寺・造塔や諸種の仏教文化財の維持に役立った。しかしその本質はあくまでも民族宗教に根ざしたもので、集団による多数作善にあり、この作善行によって死者または自己の死後の滅罪を、第一の目的とするものであったことが理解されよう。

註

（1） 本大般若経は遺憾ながら昭和二十八年（一九五三）九月十八日の十五号台風によって流失したが、その奥書は拙稿「紀州花園村大般若経の書写と流伝」（『大谷史学』第五号・大谷大学史学会、昭和三十一年〈一九五六〉。のち『五来重著作集』第九巻、法藏館、二〇〇九年に再録）に全部載録した。そして私はこの大般若経の主要巻数は河内六大寺の一として、東大寺大仏のモデルになった知識寺大仏（長六丈の観音立像）を本尊とする知識寺で書写された経巻であることを推論した。
（2）このとき架橋された橋は河内大橋で、『万葉集』巻九「河内大橋を独走く娘子を見る歌一首并に短歌」によまれた丹塗りの大橋はこの化主によって勧進の結果できたものと私は推定している。
（3）五来重編『元興寺極楽坊中世庶民信仰資料の研究』（法藏館、昭和三十九年〈一九六四〉。のち『五来重著作集』第九巻、法藏館、二〇〇九年に再録）の拙稿「元興寺極楽坊聖徳太子立像胎内納入物」を参照。
（4）知識寺本尊は『扶桑略記』（応徳三年〈一〇八六〉六月）には「河内国智識寺顚倒、捻像大仏砕如微塵云々長六丈観音立像也」とあり、東大寺大仏の五丈三尺五寸より大きいことになるが、『二中歴』（巻三）の大仏の序列は「和太、河二、江三」とあって大和東大寺大仏を第一とし河内知識寺を第二、近江世喜寺を第三としている。
（5）『栄華物語』（鶴の林）。
（6）道御は謡曲『百万』の主人公といわれる。
（7）元興寺極楽坊の本堂内陣東北隅丸柱に刻された文永二年（一二六五）の寄進銘による。
（8）『大乗院寺社雑事記』による。

馬頭観音

一

今年（昭和二十九年）は午年《うま》なので商人は「相場が跳ね上る」といってよろこび、農村では「午年は火早い」などといって縁起をかつぐ。いくら午年でもインフレと火事だけはごめんこうむりたいが、初午の午の方は五《ご》穀豊穣《こくほうじょう》と商売繁昌の信仰があり、駒曳銭《こまひきせん》の馬を財布に入れておくと不思議に金が入ってくるという。いまはほとんど絶えたが、新年の縁起をいわう春駒《はるこま》は江戸の初春の景物であった。いたるところの大社、小社の拝殿には絵馬《えま》があげられたり、神馬がつながれたりしている。東北地方では馬の頭をほったオシラサマという人形が、巫女《みこ》やイタコの口寄せ《くちよ》にあなどりがたい信仰をもっている。東日本の田舎道をあるけば、路傍に馬頭観音、馬力神、馬刀神《ばとうしん》、馬櫪神《ばれきしん》の碑《ひ》が林立している。これにたいして西日本の馬小屋、牛小屋には「牛馬安全大日如来」のお札が見られる。午年ともなれば馬の信仰の種々相が目につくが、そのいわれや意味をきかれると、これほど学者先生をこまらす問題もすくない。馬は無心の動物であるが、人間の馬にたいする信仰は実に複雑である。そしてそれは日本民族の信仰生活の複雑さの縮図だともいえる。したがって、これを明確に説明することは、現在の宗教学も民俗学も不可能というほかはない。しかしいつまで放っておいてもしかたがないから、丁度午年のはじめに、年賀状やポスターや挿絵に馬がはねおどっている機会をつかまえて、分っておるだけのことをのべてみたい。さて馬の信仰の複雑さは神道、仏教、陰陽道《おんみょうどう》、俗信、あらゆる宗教が混然雑然と雑居していることからおこる。これは一時代前まで馬という動物が、いろいろの面でわれわれの生活ときわめて密接なつながりをもっていたからであろう。

まず、馬と午の関係については何故に動物の馬と方位、暦法の午が結合したかという問題がある。わが国へ馬が入ったのは、応神天皇の時代だとも神代以来だともいうが、十二支獣が十二支に関連していつから用いられたかは不明である。ただたしかなことは、正倉院御物《しょうそういんぎょぶつ》のなかに十二支《じゅうにし》八卦《はっけ》背円鏡《はいえんきょう》という、径二尺ほどの巨大な白銅鏡があり、玄武《げんぶ》、朱雀《すざく》、青龍《せいりゅう》、白虎《びゃっこ》の四神と易の八卦の象と、子丑寅卯辰巳午未申酉戌亥の十二支獣が何ともいえぬ美しい造形で半肉に鋳出されている。この古代工芸の粋ともいうべき美術品が、午と馬の結合をもっともたしかに示す史料といえる。

そうすると、方位としての午は正南にあてられるから、陽《よう》の極であるため、午年は火早いとか丙午《ひのえうま》は運勢がつよすぎるとかいわれる。それだけならよいが、午を馬に通じて丙午の女性は、馬のように良人《おっと》を喰《た》べてしまうなどのばかばかしい迷信が生れてくる。

おそらくこの方位、暦法の問題は陰陽道から入った信仰で、仏教の責任でないことだけはたしかであるが、これが仏教とむすぶとケタイ神の信仰になる。すなわち人間一代の守り本尊である。

俗に「子年《ねどし》観音《かんのん》、丑寅《うしとら》虚空蔵《こくうぞう》、卯《う》は文殊《もんじゅ》、辰巳《たつみ》普賢《ふげん》に午勢至《うませいし》、未申大日《ひつじさるだいにち》、酉不動《とりふどう》、戌亥《いぬい》阿弥陀《あみだ》（又は八幡《はちまん》）」という。これをケタイ神ということからしてすでにケッタイであるが、天台宗の方では仮諦神《けたいしん》などとあてて空仮中三諦説《くうけちゅうさんたいせつ》をひっぱりだすから、事はますますややこしくなる。この名称もおそらく、陰陽道の方の八卦から出た「卦体《けたい》」かも知れない。というのは十二支をわざわざ八組にして仏菩薩八尊にあてるのは八卦に合わせるためで、十二支を八卦に合わせた例はさきにのべた正倉院の十二支八卦背円鏡にもある。しかしこの八尊も薬師、地蔵、釈迦、十一面観音などを加えて一定した基準がないのは、俗信の俗信たるゆえんであろう。

二

そこで馬に関する信仰で、仏教にたしかなよりどころのあるのは、馬頭観音または馬鳴菩薩《めみようぼさつ》である。たしかなよりどころといっても教典に出てくる馬頭観音や馬鳴菩薩と、わが国における馬頭観音、馬鳴菩薩の信仰内容とは、まるきりちがっていることはことわるまでもない。これはわが国では日本民族の固有信仰を基礎として成立した馬頭観音であり、馬鳴菩薩であるから当然であるが、従来の学問は、仏説と実際の信仰との相異が何故おこったか、をたしかめてみようとしなかった。いやそれどころか、その相異にすら気付かなかったのである。しかしもしこれに気付いたとしても、それは無学な農民の無知な迷信だから「出たらめだ」といって片付けられたであろう。日本では坊様だけが知識階級だった時代があまり長すぎたから、無学な農民たちは祖先からうけついだ親譲りの信仰を、遠慮がちにもちつづけて来たのは気の毒であった。しかもそのかすかなともしびは、あたらしい時代の浪風にふきけされようとしている。今さら私はそれの復興をねがうものではないが、ただかれらの遠慮がちだった信仰が、けっして理由のないものではなかったということだけは告《つ》げたい。またそれは日本民族の精神と文化受容のしかたをあきらかにする、精神史と文化史の貴重な資料であることを知らせたい。私がここでことさら民俗信仰としての馬頭観音を、午年にことよせて引出すのも、そうした気持にほかならないのである。

現在、馬頭観音の信仰で特色のあるのは、養蚕の守り神という信仰である。その分布は信州から北、関東東北方面であるが、近畿以西ではこれが馬鳴菩薩《めみようぼさつ》となっておるだけで、馬と蚕の関係は同じことである。

次に馬頭観音は農耕一般の守り神として信仰され、二股大根をあげて豊作を祈願する民俗がひろくおこなわれている。二股大根には繁殖とか豊穣とかの信仰があるとともに、子孫を生みだす力の象徴として、祖先神、祖霊への供物とされることが多い（正月の年神棚に二股大根をあげるのも年神が祖霊だからである）。このことは馬頭観音が道の辻に立てられることとともに、馬頭観音の謎をとく大切な鍵であるとおもう。

第三には当然のことながら、馬の守り神という信仰である。馬頭観音が東日本に多いのは、関西の牛耕にたいして関東に馬耕が発達していたためであろう。馬が死ねばもちろん馬頭観音または馬刀神の碑をたて、二股塔婆をあげて供養する。また馬持ちの農民のあいだには馬頭観音講があって、一年四回または五回の爪切り《つめき》に集って盛んな講をいとなむ。持ち馬の自慢をしながら、一日中飲んで食って休養する東北農民のたのしい講である。

それにしても関東・東北をあるくと、何と多くの馬頭観音と馬刀神の碑を見ることだろう。広漠たる平野の野中道の三叉路《さんさろ》や四辻には、かならず三基、五基、十基の碑が立っている。また雑木林の片かげりした山中道にも、河原の大竹藪のかげにも、忘れられたような石塔・石碑群である。その中には廿三夜塔とか庚申塔《こうしんとう》とかいうものもあるが、馬頭観音または馬刀神を見ないことはないといってよい。あたらしい学問の影響からか、「勝善神《しょうぜんしん》」とか「蒼前神《そうぜんしん》」とか「馬櫪神《ばれきしん》」とか書かれたものもある。これだけ多くの馬頭観音碑が立てられねばならなかった農民の信仰の本体は、いったい何であったのだろうか。

三

馬頭観音石像
（岐阜県郡上市）

馬頭観音の碑は、近来はたいてい文字をほっただけであるが、古いのは三面六臂《さんめんろっぴ》の忿怒形《ふんぬぎょう》尊像を、舟形《ふながた》または板碑形《いたびがた》の石面に半肉浮彫《はんにくうきぼり》したものが多い。たいてい風化してボロボロになっているから三面六臂か八臂かも定かでないが、多面広臂《ためんこうひ》の逆髪《さかがみ》立てた忿怒形であることはまちがいない。

ところでこの形はたしかに仏像や儀軌《ぎき》の中に見出されるもので、信仰内容はともかくモデルはそこからとっていることが一目してわかる。そのモデルの一つとして奈良大安寺には天平時代の木彫馬頭観音像の優秀なものがある。これは手足に蛇が巻いておるところをみると、青面金剛《しょうめんこんごう》像であるかも知れない。しかし筑紫《つくし》観世音寺(現、福岡県太宰府市)の馬頭観音はたしかに『覚禅抄《かくぜんしょう》』や『十巻抄《じっかんしょう》』などの儀軌《ぎき》に合致するもので、三面八臂、三面おのおの三目で利牙《りげ》を上に出して忿怒の相を現じ、頂上に馬頭をのせている。この像は、寺伝に崇徳天皇の大治年中(一一二六—一一三一)、大宰大弐《だざいだいに》藤原経忠の寄進するところといわれるから、平安末期の造像なのである。

しかし馬頭観音像は儀軌によって三面四臂、一面二臂、四面八臂など、種々の図様があるから、かならずしも何面何臂でなければならぬ、という必然性はかんがえられない。ただ密教では、この尊像は胎蔵界蓮華部の観世音の教令《きょうりょう》輪身《りんじん》で、衆生《しゅじょう》摂化《せっけ》のために馬の徳をあらわしたものといわれる。『大日経疏《きょうしょ》』では天輪王《てんりんおう》が宝馬にのり、須弥山《しゅみせん》を馳駆《ちく》するごとき大威勢で、大慈悲心を行うのを形容したといい、または世間の驢馬《ろば》のもっぱら水草を念《おも》うて余は知るところなきがごとく、一切衆生の煩悩と罪業を食いつくすのだと説明される。

しかしこの解釈は、どちらにしても無学な農民にうけいれられるには、あまりにもむずかしすぎたとおもう。おそらく農民はそんな上等な哲学を理解して、この像をかれらの郷土にうけいれたものではあるまい。ただ恰好《かっこう》だけは坊様におたずねして石屋にほらせたであろうが、石屋のおもいちがいで八本の手が六本になっても十本になっても、あまり気にしなかっただろう。

ある学者は、路傍の石仏がみなでたらめで仏説に合わないのは、日本仏教の恥さらしだと講演したことがある。しかしこれはすこし学者ぶりすぎて農民に酷だとおもう。農民にとっては、馬頭観音は道の辺に立ってかれらのまずしい生活の安全をまもり、年貢にことかかぬだけの豊作をもたらし、馬が丈夫にそだつようにとの願いを、ききとどけてくださる仏様でありさえすればよかったのである。

それではそのような素朴な祈願をかけられる馬頭観音が、何故おそろしい忿怒形でなければならなかったのであろうか。

これには馬頭観音が六道摂化《せっけ》の六観音のうち、畜生道の摂化をつかさどるからとの解釈もあるが、実際には馬頭観音は農耕・養蚕の信仰がつよいので、かならずしも畜生のための忿怒形だとはいえない。これはどうしても素朴な原始的神観念から解釈するほかはないとおもう。すなわち現今の太平洋諸島の開発途上国民族の神の観念がそうであるように、古代人にあっては守護神は「恐れ多い」忿怒形である方が自然なのである。それは怒りの形相《ぎょうそう》で、人間に害をなす悪霊をおびやかし、追いはらうものとかんがえられた。天狗《てんぐ》や鬼を崇拝する信仰、雷神、荒神《こうじん》、厄神《やくがみ》、牛頭《ごず》天王《てんのう》をまつる信仰、庚申《こうしん》（青面金剛）、不動明王、五大力明王、毘沙門天《びしゃもんてん》、摩利支《まりし》天《てん》などの信仰は、馬頭観音の信仰とおなじ精神的基盤の上に立つものである。しかもこのような守護神、守護霊の信仰は、わが国では祖霊信仰と一体になって受容された。すなわち祖霊の恩寵《おんちょう》は、まず子孫に禍をもたらす悪霊と外敵を、攘《じょう》却《きゃく》する呪力《じゅりょく》が先行せねばならなかった。したがって、祖霊即忿怒尊となり、これに豊穣をいのり、二股大根をあげる信仰が附随して来るのである。また馬頭観音が道の辻に立てられることも、塞《さい》の神すなわち『古事記』（上の巻）にいう衝立船戸神《つぎたつふなとのかみ》の信仰に通ずるものがあり、これを『日本書紀』（神代上）が「是を岐神《ふなとのかみ》と謂《まう》す。此《これ》、本の号《な》は来名戸《くなと》の祖神《さへのかみ》と曰《まう》す」と、わざわざ祖神の文字をもちいたことの意味である。

ところで同じ『日本書紀』（同）には、馬の発生が農耕神である保食神《うけもちのかみ》の神話でものがたられている。それによると、保食神は葦原中国《あしはらのなかつくに》の食物をつかさどる神であったが、月読尊《つきよみのみこと》がこれをころしてしまった。するとその死体から頭には牛馬が発生し、額には粟《あわ》が生え、眉からは蚕が生れ、眼には稗《ひえ》が生え、腹には稲が生え、陰には麦、大豆、小豆が生えた、という有名な農耕起源神話である。これを牛頭または馬頭の農耕神とかんがえてよいかどうかは問題があるが、すくなくもわが上代人が馬頭観音を農耕神としてうけいれる、一つの精神的基盤がこの辺にもあったのではなかろうか。

四

ところで馬頭観音が、養蚕の守り神とせられた理由はなかなかむずかしい問題であるが、中国の古書である『捜神記《そうしんき》』に蚕神馬明菩薩《さんしんめみょうぼさつ》の物語が出ている。

女、父を思ひ、養ふ所の馬に語る。若し父を得て帰らば、吾将《まさ》に汝に嫁《か》せんとす。馬、父を迎へて帰る。女を見て輒《すなは》ち怒る。父その馬を殺して皮を巷中《こうちゅう》に晒《さら》す。皮忽ち女を捲《ま》き桑間《そうかん》に飛び去り、倶《とも》に蚕となる。俗に蚕神馬明菩薩となす。

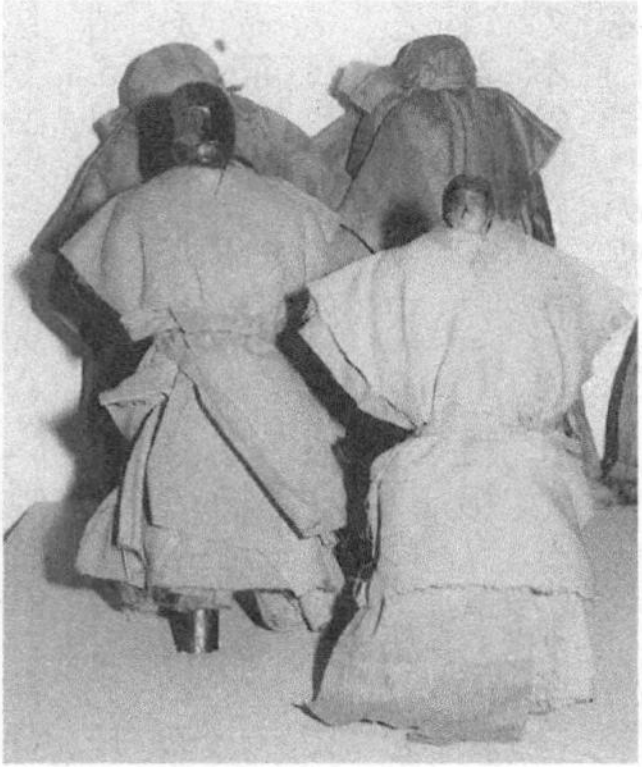

オシラ神の人形

とあり、『神女伝《しんにょでん》』も同様の話をのせている。

ところがわが国の東北地方で口寄《くちよ》せや祈《き》禱《とう》をするイタコ（巫女）たちが、オシラ神という人形を舞わせてとなえるオシラ祭文《さいもん》が、また同様の話なのである。ただこの方では長者夫婦が観音さまに祈誓して出来たうつくしい姫君に、長者の飼っていた名馬が懸想《けそう》したので、長者が怒ってこれをころす。そうするとその皮が姫にまきついて天竺《てんじく》へとび去り、馬頭観音とあらわれたもうた。そのあとに桑の木に白い虫が生れたが、これが蚕であったという筋である。

おそらく現在つたわるオシラ祭文が『捜神記』の影響をうけたことはたしかであろうが、イタコたちが馬の物語りを必要としたのは、もっと他の理由があったのではなかろうか。第一に彼女たちの奉仕するオシラ神の人形は、馬の首をきざんだ桑の木の棒に着物をきせたものが多いのである。しかもイタコが死者の霊をよびよせる口寄せの唱言にも、

天清浄《てんしようじよう》、地清浄《ちしようじよう》、内外清浄《ないげしようじよう》、六根《ろつこん》清浄《しようじよう》
　より人はいまぞよります長浜や
　芦毛《あしげ》の駒《こま》に手綱《たづな》よりかけ

ととなえ、霊が芦毛の馬にのって来るようにとうたうのである。したがってオシラ祭文の馬も、オシラ神の馬の首も、もとは死者の霊がこの世へかえってくる時の、乗物または憑代《よりしろ》だったわけである。このような霊の乗物については、「絵馬」の章でくわしくのべたいとおもうが、われわれが盆棚にかざる茄子《なす》と胡瓜《きゆうり》に苧殻《おがら》の箸《はし》をさした馬が、御先祖の霊の乗物だといわれることをおもいだせば、この話も納得さ

れるとおもう。

ところがこのような馬の幽界の信仰は、養蚕の神であるとともに幽界の支配者とされる白山神（白山妙理権現）を媒介として、馬頭観音と養蚕をむすびつけるのである。この複雑な信仰内容の構造を説明するには、白山信仰の本質をくわしく話さねばならないから、いまはこの問題に深入りすることをさしひかえるが、イタコのオシラ神は土地によっては白山神といわれ、髪を左右に垂れ、手に桑杖をもった女神像である。この白山神は死して根《ね》の国にゆき、黄泉戸食《よもつへぐい》した伊弉冊尊の垂跡《すいじゃく》とも、この神の死の穢《けがれ》を祓《はら》った菊理媛《きくりひめ》をまつったものともいわれる。加賀の白山比咩《しらやまひめ》神社（石川県白山市）の社家の別伝には、この社の御祭神は伊弉冊尊、菊理姫、泉道守者《よもつもりひと》の三柱とあるから、いずれにもせよ幽界の影の濃い神なのである。

一方、古代日本人は蚕を常世神《とこよがみ》としてまつったこともあるくらいだから、おそらくこの虫も幽界から来たと信じられた時代があるであろう。

このように見てくると馬の信仰にはどこまでも幽界信仰の影がつきまとって来る。馬頭観音の因縁をかたるイタコのオシラ祭文は、その話の筋は『捜神記』から借用しながら、実は幽界の消息をかたっているのである。すべて農民の信仰は農耕も養蚕も牧畜も、これを裏返せば祖霊信仰につながり、この精神的基盤なしには仏教信仰も普及しがたかったことを、路傍の馬頭観音はものがたっている。

絵馬

一

午年にちなむ馬の信仰について、前章に馬頭観音の信仰をのべたが、なお宗教的にも趣味的にも興味ふかいのは絵馬である。

すくなくも庶民信仰に関係のある神社仏閣ならば、拝殿または絵馬堂に絵馬を見ないところはない。それほど絵馬は日本人の信仰にふかく根をおろしているにかかわらず、この起源や本質についてこれほど不明なものもすくない。絵馬のなかにはもはや宗教的な意味をうしなって、郷土芸術や郷土玩具として蒐集されるものもあるが、小さな辻堂に目を八つえがいて眼病平癒《へいゆ》をいのったり、乳のほとばしり出る乳房に、午年女などと下手な字で書いた絵馬を見ると、庶民信仰の奥底にふれる想いがして涙ぐましくなることさえある。

いうまでもなく午年にちなむといっても、絵馬は馬の絵ばかりとはかぎらない。羅生門《らしょうもん》の渡辺綱と鬼、足柄山の金太郎と山姥《やまんば》、一谷の熊谷《くまがい》と敦盛《あつもり》などの武者絵から、高砂《たかさご》の尉《じょう》と姥《うば》、宝船、富士に鷹、立雛《たちびな》などの縁起物《えんぎもの》、鷹、鶴、狐、鯰《なまず》、蛟などの動物や目、耳、手、徳利《とっくり》に鍵《かぎ》などの祈願《きがん》を直接表現したものまで、その図柄は種々雑多である。そして昭和のものとなると、軍艦三笠の写真や爆弾三勇士の絵まであって、絵馬という名称がおかしいくらいになっている。

しかしこの絵馬の起源と宗教的意義をほりさげてゆけば、そこに日本人の馬の信仰の根源的なものがあきらかにされてくるのである。

さて絵馬とよばれる板に絵を書いた神仏への奉納物は、ことわるまでもなく馬をえがいたものがすくなくない。しかもその画材が何であろうとも、板の上縁《うわぶち》が山形（三角形）になっているのは廐舎《うまごや》の屋根をあらわしたものであろうといわれる。また東北地方ではどんな図柄の絵馬でもマッコとよばれるのは馬の方言であり、田の神祭をおこなう田圃《たんぼ》の水口に、竹にはさんで立てる出馬入馬《でうまいりうま》の絵紙《えがみ》を、マッコとよぶこととともに注意すべき名称である。

絵馬の馬の絵には一匹駒《ごま》、二匹駒、三匹駒などのほか、猿が三番叟《さんばそう》の烏帽子《えぼうし》をかぶって馬をひく駒曳猿《こまひきざる》、それが右に向いた入駒と左を向いた出駒などが多い。しかるべき画家のえがいたものには近代の趣味であろうか、桜に勇み駒をつないだものもある。近江竹生島《ちくぶじま》弁才天の絵馬堂にあった寛永《かんえい》十二年（一六三五）の絵馬（志賀直哉氏蔵）などは、飾《かざ》り馬を二人の白丁《はくちょう》が口綱《くちづな》とってひく図であり、絵馬の多いので知られた奈良興福寺東金堂の天文二十三年（一五五四）の絵馬（志賀直哉氏蔵）は、馬のかわりに唐獅子《からしし》を優塡王《うでんおう》がひく図であるが、私はともに駒曳猿の変形であろうとにらんでいる。ついでに言えば、この天文二十三年の絵馬は、今年から四百年前の現存最古の絵馬であるばかりでなく、奇しき歴史をもっている。というのはその板裏墨書銘に、

奉懸絵馬事

奉㆑祈㆓心中之祈願成就㆒者也

天文二十三年甲寅三月廿五日　覚敬敬白

とあって、奉納者覚敬は興福寺の一乗院門跡であったが、のちに還俗《げんぞく》して足利幕府最後の将軍となる義昭《よしあき》その人である。したがってこの絵馬には足利氏の衰運《すいうん》をなげく義昭の、何等かの祈願が秘められていたであろう。しかし馬のかわりに獅子をえがいたのは、東金堂（文殊堂）の文殊菩薩の乗物が獅子であるということばかりでなく、その「心中之祈願」がなみなみならぬものであったことを推察せしめるに十分である。そして獅子の口綱をとる優塡王は、駒をひく猿のかわりにえがかれたものとおもわれ、この構図は駒曳猿の絵馬形式を変形させたものと私は信じている。

二

駒曳猿についてはいろいろの問題がふくまれているのでのちの機会にのべるとして、神社仏閣の絵馬には神怪な馬の伝説をもつものが少なくない。これも絵馬の起源を馬の信仰とする証左の一とすることができる。たとえば南海高野線の三国ヶ丘駅にちかい堺市の金岡神社は、名画工、巨勢金岡《こせのかなおか》をまつった社で、彼の描いた仁和寺の絵馬から馬がぬけ出て、このあたりの田圃《たんぼ》をあらすので、絵馬の両眼をぬいたという。飛騨の益田郡下原村仲津原（現、岐阜県下呂市）の八幡社の絵馬も、狩野法眼の筆で馬がぬけ出てこまるので金網をはってあるといい、南津軽の古懸神社の絵馬や、弘前市の熊野宮の絵馬も同様の伝説で、杭を書いてつないだらその害が止んだという。八戸市に近い是川の清水寺にある宝永年中（一七〇四―一一）米田弥五郎寄進の鷹の絵馬を、鉄釘《てつくぎ》でうちつけたという伝説なども同巧異曲《どうこういきょく》であるが、馬の場合には鬼鹿毛《おにかげ》とか生月《いけづき》、摺墨《するすみ》などの、神馬や龍馬の伝説と共通性があるだけに、絵馬と神馬の関係をかんがえさせる材料になる。

また謡曲「絵馬」には、伊勢神宮の斎宮《さいぐう》で節分の夜に絵馬をかける行事があり、参詣者はその馬の毛色によってその年の雨の多少をうらなった次第がのべられている。すなわちシテの詞で、

是はただ一切衆生《しゅじょう》の愚痴無智《ぐちむち》なるを象《かたど》り、馬の色により明年の日を相し、また雨滋《しげ》き年をも心得べきためにて候

とかたっており、黒馬（「よみぢの黒」）の絵ならば雨多く、白馬の絵ならば旱天《かんてん》が多いとうらなったとある。これは上代いらい吉野の丹生川上《にゅうかわかみ》の社や室生《むろう》の龍穴《りゅうけつ》（現、奈良県宇陀市）に、白馬黒馬を献じて降雨《こうう》止雨《しう》をいのった、国家的祭典とその根源はおなじである。ここに絵馬奉献と神馬奉献の同一性がまずかんがえられる。

　またこの斎宮の絵馬はよほど有名なものであったらしく、『勢陽雑記』によると、この絵馬はもと「かくれの里」から上げられるもので、画面にはかくれ笠《がさ》、かくれ蓑《みの》と稲を荷うた馬をえがき、毎年元旦の鶏鳴《けいめい》に懸けられたとしるされている。元旦といい節分といい、日はことなるが、毎年一定の祭日に絵馬をあげるというのは注意すべき事柄で、何時でもかまわず立願《りゅうがん》の日にあげることは、図柄の雑多性とともに、近世の変化とかんがえてよいであろう。

　なお絵馬をあげる日として、初午も注意すべき祭日である。稲荷と初午の関係は馬の信仰から解明されるけれども、いまここでふれる余裕はない。しかし三河の二川町小松原の観音寺の馬頭観音へは、初午の日に信者が駒曳猿の板絵馬をあげ、寺からは木版の紙絵馬を出すという。また春と秋の山の神の祭日に、絵馬をあげるところも多い。信州の天龍川両岸の山村では、駒形を木版ですった紙絵馬を春の山の神祭に嶺《みね》にのぼって凧にとばせ、秋の山の神祭にはしめなわにはさんでくるという。私の郷里の常陸では、真弓《まゆみ》神社（茨城県常陸太田市）の春の山の神祭に、有名な三《み》春駒《はるごま》のような板彫りの馬に車のついた玩具を買ってかえる習慣があった。これがもとは山の神に奉納する絵馬の原形だったわけである。これなどは神への奉納物が参詣の土産物《みやげ》となり、やがて玩具化する過程をよくしめしたものであろう。

このように特定の日に馬の絵馬を神仏にあげることは、絵馬信仰の一段古い姿をあらわすもので、絵馬は祭典や縁日にともなう奉納物であった。

ところで祭典や縁日には、何故に馬の絵が奉納されねばならなかったのであろうか。

この疑問にたいして従来いろいろの絵馬起源説が出ており、上古の殉死の馬が生ける神馬の奉納となり、やがて板絵となったとなす説もその一つである。また何によらず祈願の内容を具体的に図示して神仏の注意を喚起するのが絵馬であるが、中でも牛馬安全を祈願するために馬の絵を書いたとする説がもっとも有力である。しかし絵馬とこれにともなう馬の信仰は、そんなに簡単な問題ではない。われわれはいま少しく民族宗教の奥底までほり下げて、この問題をかんがえて見よう。

三

絵馬にかんする文献はすくなくも平安朝時代までさかのぼることができるが、中でも『今昔物語集』（巻十三）の「天王寺の僧道公《どうこう》、法花《ほっけ》を誦《じゅ》して道祖を救う話」

はもっとも興味あるものである。

この話のあら筋は、天王寺の道公という僧が熊野詣《くまのもうで》からかえるとき、紀伊の南部《みなべ》あたりの大木の下で野宿していると、夜中に二、三十騎の馬にのった人（実は行疫《ぎょうえき》神《しん》）が近づいてくる音がする。そして暗の中から「樹の本の翁《おきな》はおるか」と呼んだ。すると誰もいないはずの大木から何者の声ともしれず、「馬の足が折《お》れてのれないから今夜は行けません」とこたえた。道公はあまりの不思議さとおそろしさにねむることもできず、翌朝いそいであたりを見ると、大木の根方に道祖神の朽《く》ちた木像があった。そしてその前に足の折れた馬の板絵馬が倒れていた。昨晩の話はこれだったかと、道公は馬の足を糸でつないでその夜も様子を見ていると、昨晩とおなじく騎馬の人が来て樹の本の翁をよんだので、道祖神は馬にのって出ていった。その暁方《あけがた》に道公の前に老翁があらわれて馬の修治《しゅうじ》の礼をのべ、法華経の功徳《くどく》によって得《とく》脱《だつ》したいと読経をたのんだ。道公が三日三夜のあいだ読経すると、道祖神は観音の眷属《けんぞく》となって菩薩《ぼさつ》の位にのぼったという話である。

この説話は平安朝時代にはすでに馬を彫った板絵馬があり、それが路傍の道祖神などに奉納されていたことをものがたっている。ここに絵馬の起源と信仰形態をしめす第一の要点があるが、私は『今昔物語集』の絵馬は三春駒のように、駒形を板彫りして彩色したものではなかったかとおもっている。

つぎに平安朝の中期に書かれた『北山抄《ほくざんしょう》』には、天暦《てんりやく》三年（九四九）七月二十二日の条に、宮中の月次祭《つきなみさい》にあたって馬寮《めりよう》の進む所の馬が、腰損足塞にして已に用うるに中《あた》らずと奏したため、板立御馬をもって牽進《けんしん》せしめたことが見える。これが絵馬の起源の第二の要点で、神馬奉納のかわりに板立馬を献じ、これが絵馬となったとかんがえられる。

そこでこの二つの事例のあいだには、一方は路傍の叢祠《そうし》、一方は宮中の祭典というちがいはあるが、ともに絵馬が神霊の乗物を象徴することだけはまちがいない。

上代の日本人にとって馬は農耕、旅行、軍事の実用以上に、宗教的意味をもった霊異な動物であった。上代人がこの神秘的な動物の行動から、幽界、神界の消息を知ろうとしたことは、鞍馬寺《くらまでら》、駒ケ嶽《こまがたけ》、馬蹄石《ばていせき》、駒繋絵《こまつなぎえ》などの伝説からも想像できる。これは目に見えぬ神霊が、馬にのって幽界と現世を去来すると信じられたためであった。すなわち馬は神霊の乗物であると同時に、その憑代《よりしろ》でもあったわけである。

しかし私は馬によって人間界へ降臨する示現《じげん》形式が、もとからすべての神に共通のものであったとはかんがえない。このことは神観念の発展段階とその階層についての、くわしい説明を必要とする。しかし一言にしていえばきわめてプリミティヴで低い階層の神霊、すなわち道祖神や山の神、田の神、水の神のような霊魂的要素をのこした中間神霊または祖霊ともいうべき段階の神霊の、示現形式であったであろう。

だいたい近世、ことに明治以来の神霊観念は、中世以前とは大きな変化があり、多くの神社の祭神は記紀に記載された高級な神格におきかえられ、その他は叢祠《そうし》または淫祠《いんし》として合祀か、しからずんば抹殺して神名すらも不明に帰したものが多い。ことに神社が国家の行政にゆだねられて、超国家主義的保護と統制をうけるにおよんでこの傾向はいちじるしかった。したがって抑圧されたプリミティヴな祖霊的神格にたいする民衆の呪術的信仰は、終戦とともに新興宗教として爆発的流行を見たのである。これらの新興宗教にタタリとかオシメシとかの託宣的要素と、祖霊供養による滅罪信仰が顕著なのは、このような理由によるものであろう。プリミティヴな神霊を特徴づけるタタリは、すなわち神の示現あるいはオシメシにほかならない。先にあげたイタコ、ミコ、アガタの祖霊招魂にとなえる、

より人は　いまぞよります　長浜や

あしげの駒に　手綱よりかけ

の口寄《くちよ》せ歌は、神霊の示現が特定の毛色の馬によるものであることをものがたっている。すなわち馬にのって幽界と現世を去来する神霊は、壮麗な神殿のなかに常在鎮座する国家的、貴族的な高級神格ではなくして、民衆に身近な神霊または祖霊で

あったということができる。

四

かくて絵馬の起源からみちびき出される馬の信仰は、わが民族の祖霊信仰につながるものである。宮中でおこなわれた白馬節会《あおうまのせちえ》も、神馬奉献もこの素朴な信仰行事が儀礼化し、固定化したものにほかならない。

したがって祖霊信仰と不可分の基盤の上に発展をとげた日本仏教にも、馬の信仰がみちびき入れられて、勝軍地蔵尊《しょうぐんじぞうそん》や馬鳴菩薩《めみょうぼさつ》のごとき騎馬仏像が成立したばかりでなく、仏寺、堂宇への絵馬奉納がおこなわれるようになったのである。観世音菩薩も馬にのって示現すると信じられたことは『宇治拾遺物語』(巻六)に、信濃《しなの》の筑摩《ちくま》の湯で、葦毛《あしげ》の馬にのった上野《こうずけ》の国の馬頭主《ばとうぬし》という武士を、観世音菩薩として人々がおがんだ話にもうかがわれ、駒形神社の本地仏を馬頭観音とすることも、仏教に導入された馬の信仰である。

また仏教行事にあらわれた馬をさぐって見ると、なお一段プリミティヴな馬の信仰を見出すことができる。すなわち盆行事には胡瓜《きゅうり》や茄子《なすび》の馬があり、藁《わら》で馬の形をつくった藁馬がある。

胡瓜や茄子の馬がお精霊《しょうりょう》さんの乗物ということは一般にいわれるが、藁馬の方は何のためかわからぬ場合が多い。盆のころに関東、東北の田舎道をあるくと、道の辻に藁馬をたくさん積んであるのを見かけるが、これは農民が旧七月六日につくって団子とともに辻にすてたものである。これについての伝承はほとんど忘れられたために、年々すくなくなってゆくようであるが、この辻こそ岐《ふなと》の神《かみ》、衢《ちまた》の神といわれる道祖神または塞《さえ》の神のまつられた祭場であった。とすればこの藁馬に『今昔物語集』の絵馬よりは、なお一段古い絵馬の原形を見ることができないだろうか。しかも道祖神や塞の神は祖霊信仰とふかいつながりのある神で、これのまつられる道の辻から盆の祖霊をむかえたり送ったりする民俗は、まだまだ各地に多くのこっている。すなわちこの藁馬が、死者の霊を幽界からむかえ、またこれを送ってゆくと信じられた祖霊の乗物であるとともに、その憑代《よりしろ》であったことはうたがいがない。

地誌によると飛驒の船津町(現、岐阜県飛驒市)あたりでも七月六日に町中で大縄《なわ》をつくり、これに家毎に藁馬をもって来てつなぐ。これを聖霊《しょうりょう》祭《まつり》というとある。この大縄は寺の下の谷川の岸につないでおき、十六日にこれに施餓鬼《せがき》の旗をつないだり、古いトーバを立てたりして町中を五、六遍引きまわしたうえ、谷川へながす。

なお絵馬の原型とおもわれるものに木馬、土馬もあるが、いずれも板彫り馬や藁馬とおなじ意味のものであろう。すなわち『皇太神宮儀式帳』によると、神宮では平安朝のはじめには荒祭宮《あらまつり》と月読宮《つきよみ》に青毛の土馬をあげていた。これを平安中期には板彫り馬にかえたと『内宮長暦送官符《ないくうちょうりゃくそうかんぷ》』に見えている。また東京浅草の駒形堂（本尊は馬頭観音）には、もと所願成就の御礼に木馬をあげたというが、玩具の木馬もこの辺に発祥があるであろう。

　また多くの絵馬に駒曳猿がえがかれてあるとおなじく、三春駒や長崎の古賀人形の馬にも猿の乗ったものがつくられている。駒曳猿は絵銭《えせん》や、廏祈禱《うまやきとう》の猿廻《さるまわ》しの出した牛馬安全守札にも見られる。有名な天正十七年（一五八九）の年紀のある、武州西多摩西秋留《にしあきる》村（現、東京都あきる野市）の引田《ひけた》山王《さんのう》社の絵馬板木なども、鳥居と裸馬をひく猿をえがいている。馬と河童《かっぱ》の伝説、馬と猿の伝説は説明の要がないほど一般的であるが、これも猿は山王さんの使者といわれるように、山の神のお使（または山の神そのもの）と信じられた動物である。したがって猿のひく裸馬には、当然目に見えぬ山の神がのっているか、その馬自体が山の神の憑代《よりしろ》でなければならない。この山の神は、わが国の民俗信仰の上ではきわめて複雑な神格の神であるが、田の神と山の神の春秋交替伝説や、山岳霊場信仰などから推論して、祖霊的神格を有することはうたがう余地がない。板絵馬の玩具をよく出す駒形社の駒形信仰も、その山にのこる残雪の馬形によって、農事の時を知らす山の神信仰にほかならないから、馬の信仰と山の神は密接不離の関係にあるといえよう。

　かくて絵馬の起源をもとめてゆくことによって、藁馬、板彫り馬などに表現されたわが民族固有の馬の信仰に到達する。そしてこの馬の信仰こそ、庶民にとってもっとも親しい祖霊信仰につながるものであるから、われわれの卑近な日常的願望を絵馬に託して、神仏に祈願することはきわめて自然な成行であったのである。

V——聖と民俗

遊行の宗教

一

中世文学のもっとも大きな特色は、宗教文学の存在である。すなわち中世文学の創作と伝播《でんぱ》には、宗教者が多く関与しており、その宗教活動に応じて、隠者文学と遊行《ゆぎよう》文学が生れたのである。隠者文学は隠遁《いんとん》者の信仰告白としての懺悔《ざんげ》文学や、法語・随筆などであり、遊行文学は遊行者の勧進活動のための唱導・説話集や作詩作歌、あるいはその伝記などである。これらはみな中世特有の体臭をもち、読者を超越的夢幻の世界に、さそいこむ魅力をそなえている。また歴史文学や戦記文学といわれるものでも、宗教者の参加なしには成立も普及もありえなかったし、そのなかに多くの隠者や遊行者のエピソードをふくんで、中世的香気を放っている。

わが国の隠者文学の代表的作品としては『方丈記』『発心集』『撰集抄』『沙石集』『歎異抄』『徒然草』『一言芳談』、高野聖の『苅萱《かるかや》物語』や『三人法師物語』などがよく知られている。また遊行文学では『山家集』『西行物語』『一遍上人法語』

および『一遍聖絵』『一遍上人絵詞伝』『法然上人行状画図』『信生法師日記』『都のつと』『いほぬし』等のほかに、唱導文学として『安居院《あぐい》神道集《しんとうしゅう》』『三国伝記』『私聚百因縁集』などもかぞえることができよう。また『平家物語』『義経記』『曾我物語』などの素材には、唱導説話が多数ふくまれていて、宗教文学の要素が濃厚である。

しかし隠者文学も遊行文学も帰するところは一つである。ともに中世の勧進と唱導を担った庶民的宗教者、すなわち聖《ひじり》の文学である。隠遁と遊行は聖の両面にすぎない。山林煙霞にまじわる隠遁は一種の遊行であり、遊行もまた一所不在の隠遁である。したがって聖たちは、ある期間の隠遁がすめば遊行にでて勧進をおこない、勧進が一段落すればまた隠遁生活にもどる。これは本寺をはなれて別所に隠遁したり、戦争や政治や恋愛にやぶれて聖の群に身を投じた隠遁者は、正式の比丘《びく》・比丘《びく》尼《に》に課せられたきびしい戒律や、朝夕の勤行、法会、事相教相の研究から自由であるかわりに、衣食住に関する本寺の供給《くきゅう》をうけることができない。その結果、かれらの経済生活は遊行による勧進に依存せざるをえなかったのである。

また遊行にはもう一つの宗教的機能があった。これは古代的呪術《じゅじゅつ》宗教の中世的残留であるが、滅罪のための苦行を目的とする遊行である。古代呪術者の山林抖擻《とそう》は、もともとこの滅罪の苦行で、のちに修験道が成立すると、十界修行と称する十段階の滅罪行が課せられた。こうした滅罪がすめば、験力《げんりき》(magical power)が身について、治病や予言や雨乞などの奇蹟をあらわすことができるようになる。これを優婆塞《うばそく》・聖・禅師などとよんだが、かれらこそ遊行宗教者としての聖の先祖である。かれらは山林抖擻するばかりでなく、民間を歴門仮説して因果を説き、禁呪《ごんじゅ》によって療病の奇蹟をおこなった。この歴門仮説ということが遊行の目的なのであって、かれらは民間を戸別訪問しながら、因果応報譚や神仏霊験譚を唱導したかったのである。かれらはまた庶民の不幸や災厄にたいしては、それがかれらの意識無意識にかかわらず、犯した罪や穢《けがれ》の結果であることを説いて、苦行と作善《さぜん》による滅罪を教えた。これが霊場の巡礼や霊山の登拝となるが、平安末期から三十三観音霊場巡礼とか高野詣・熊野詣などがさかんになるのはそのためである。その前行として、御嶽精進《みたけそうじ》や熊野精進をするのも、滅罪を一そう効果的にする手段であった。

滅罪遊行の代表的なものは、六十六部回国である。これは法華経六十六部を書写して、一国に一部ずつ納経してまわるのである。法華経は庶民信仰からいえば滅罪教典で、法華経を書写読誦する回国聖を古代には持経者といった。『日本法華験記』は、法華経の霊験をあらわした持経者の伝記をあつめている。持経者は古代末期からは如法経聖の名で知られるが、如法の精進をして法華経を書写読誦する苦行をした。かれらは法華経の滅罪にあわせて、念仏による往生を主張する。大原の良忍も法然も如法経聖であったことが、最近の研究や資料であきらかになっており、専修念仏はかならずしもかれらの行実と一致しないのである。

しかし如法経聖が経聖《きようひじり》の名で、六十六部回国納経するようになるのは、鎌倉末から南北朝時代ごろからで、室町時代になると実際に法華経を書写して奉納するかわりに、納経札を納めてまわるようになった。この実態はともかく、六十六か国に六十六部奉納ということは、日本全国を回国するのであるから大きな苦行である。この苦行によって日本人全体に代って滅罪しようという代受苦の精神が、その回国の苦労をささえた。この代受苦の故にこそ、六十六部回国聖はどこへ行っても厚く遇せられたのである。またその結果、天下泰平五穀豊穣が期待されるので、その納札には「天下泰平　日月清明」「風雨和順　五穀豊穣」の文言が書かれていた。

二

以上のように中世の遊行の宗教は、造寺造塔・造仏写経を名目とする勧進と、滅罪の代受苦を名目とする苦行を内容とした。したがってこの宗教にいずれの宗教、いずれの宗派も問わなかったから、神道も仏教も、禅も密教も念仏もすべてをとりいれた。そのほかに白拍子《しらびようし》・傀儡師《くぐつし》のような古代の遊行芸能者も遊行の宗教者の一種であった。かれらはいずれかの神社や寺院に隷属して、勧進の補助的役割をはたしたのである。

中世の遊行宗教者をかりに大別すれば、神道系・仏教系・陰陽道系《おんみようどう》に分けることができよう。神道系は御師《おし》・神人《じにん》・願人《がんにん》などが伊勢・熊野・八幡・愛宕・淡島などから出て、配札・家祈禱《やぎとう》・代参などを名として回国遊行し、各地にその分社分霊を奉斎してあるいている。陰陽道系では法印陰陽師が暦や符をもって「田舎わたらい」し、各地に博士《はかせ》村や院内《いんない》村をつくって卜占《ぼくせん》・厭魅《えんみ》・方術とともに荒神祓《こうじんばらい》をしてあるいたことが知られている。

仏教系の遊行者は念仏系の聖と、密教系の山伏・客僧が大部分を占める。ほかに法華経系の持経者・六十六部・法華経行者（日蓮系）と、禅宗系の遊行者がある。禅宗系というのは、見性成仏を目的として行雲流水《こううんりゆうすい》のごとく修行する雲水《うんすい》と、放下《ほうか》僧《そう》・虚無僧《こむそう》（薦僧）のように芸能をもって遊行するものとがあった。しかし何といっても念仏系の遊行聖が中世遊行者の代表格であるので、これを西行と一遍と道御《どうぎよ》をとりあげてのべることにしたい。

西行については遊行の歌人としての面のみが知られて、その宗教的側面はあまり注意されないのは、正しい西行の理解ではない。もちろん『山家集』その他に載せられた歌には、宗教的心境を内容とするものがすくなくないので、その意味での宗教性は問題になるが、それよりも当時の遊行聖一般の、宗教的機能という点から西行を見なければ、正しい理解はえられないだろう。

まず『山家集』巻上（冬）に「世を遁れて鞍馬の奥に侍りけるに」という詞書から、遁世後の西行の身を投じたのは鞍馬の奥の花背《はなせ》別所、あるいは江文《えぶみ》か芹生《せりよう》の別所と推定されるが、これらの別所には鞍馬寺再興の勧進聖が、集団をなしていた。しかもここに住む念仏聖は、大原の念仏聖と同系統の信仰内容をもち、密教と法華経と念仏を兼修する融通念仏系の聖であった。すなわち天治元年（一一二四）から融通念仏勧進をはじめた大原の良忍は、翌天治二年四月四日に鞍馬寺通夜のとき、本尊毘沙門天《びしゃもんてん》が融通念仏名帳《みょうちょう》加入を申出たと縁起にあるが、この年九月五日には良忍は芹生別所で如法経書写をしている（紀州粉河寺出土経筒銘文）。しかも毘沙門天王を本尊とする江文寺も、鞍馬寺勧進聖の集団をなしていた別所で、鞍馬寺吉祥天女像胎内納入の般若心経奥書に、この別所の住侶の名が見える。そして花背峠のあたりに、現在数多く見出される経塚と経筒は、鞍馬寺造営のために如法経勧進をした念仏聖の活躍を、如実にしめすものである。したがってこの別所に身を投じた西行が、一般にかんがえられるように、風流な隠遁の庵室で、作歌三昧にひたっていたとはおもわれない。それどころか生活の資縁のために、京洛に出て勧進をしなければならなかった。その具体的な証拠が『台記』の有名な康治《こうじ》元年（一一四二）三月十五日の記事に見出される。この記事は一般に「抑も西行は本、右兵衛尉義清也左衛門大夫康清の子重代の勇士を以て法皇に仕へ、俗時より心を仏道に入れ、家富み年若くして心無欲なり、遂に以て隠世す。人之を歎美する也」という西行への讃辞だけが注意されて、次の一文は無視されていた。

西行法師来りて云ふ。一品経《いっぽんきょう》を行ふに依り、両院以下の貴所、皆下し給ふ也。

料紙の美悪を嫌はず、只自筆を用ふ可しと。

したがってこの頼長訪問は、この年二月二十六日に待賢門院が御落飾されたのを期に、法華経二十八品を一品ずつ二十八人で写経して、花背か鞍馬の経塚に埋納するという如法経の勧進におもむいたことはうたがう余地はない。

融通念仏の論理は、一つの作善をできるだけ多数の人々の合力《ごうりき》でなしとげれば、これに合力した人の数を相乗しただけ、功徳《くどく》が増大するというのである。これは勧進の論理として、まことに巧妙なものであるが、おそらく古代の共同社会の連帯意識が、宗教的に表出された論理であろう。これが如法経書写に適用されると、二十八人の合力による一品経書写勧進となる。これを一層拡大して千部経を完成しようとすれば、二万八千人に参加をすすめることになる。そのためには歴門仮《れきもんか》説《せつ》によって千部経の功徳の唱導をくりかえさなければならないから、遊行と唱導こそ勧進の必須条件であった。

西行はやがて高野山に入って、ここを基地とする隠遁と遊行の三十余年をすごすが、その入山も久安五年（一一四九）の高野山焼亡にともなう再興勧進期と推定される。この再興には平忠盛・清盛父子が関係するので、西行は西八条邸《にしはちじょうてい》へ出入した（『山家集』詞書）。また蓮花乗院（金剛峯寺の前身）移建に関する西行書状（高野山宝簡集）などものこっていて、その勧進の有様をうかがうことができる。

すなわち西行は鞍馬寺の勧進聖の群から、高野山の勧進聖である高野聖の群にうつって遊行したことになる。その間に今熊野観音の勧進や、奈良元興寺極楽坊の勧進もおこなった。したがって治承《じしょう》四年（一一八〇）以後東大寺勧進のため関東・東北へ遊行したのは、別に特殊のケースではなかった。このときの遊行も、彼みずからは勧進のためなどと詞書にことわりはしなかったが、『吾妻鏡《あずまかがみ》』や『玉葉《ぎょくよう》』によってこれを知ることができる。

三

一遍とその時衆《じしゅう》の遊行は、中世の日本仏教にとってきわめて特徴的な現象であった。その記録は『一遍聖絵』や『一遍上人縁起絵巻』にくわしくしるされて、文学的にも絵画的にもすぐれた作品としてのこされている。とくに『一遍聖絵』は、一遍の実子と推定される六条歓喜光寺《かんきこうじ》（現、京都市）開基の弥阿弥陀仏聖戒《みあみだぶつしょうかい》の詞書と法眼円伊筆の絵で、もっとも信憑性と芸術性がたかい。これによると一遍ははじめから「融通念仏すすむる聖」とよばれており、融通念仏の勧進原理にしたがって、遊行する先々の大社大寺のために勧進をおこなったのである。

時衆はこの一遍のまわりにあつまった移動性教団で、別時大念仏の和讃や踊念仏によって人集めの役割をはたしている。この踊念仏は空也の風をまねたといっているが、古代的呪術宗教者としての空也は、死者の祟りやすい怨霊《おんりょう》をしずめるための乱舞的踊念仏をおこなった。有名な紫野御霊会《むらさきのごりょうえ》の疫神鎮送の「やすらひ花」の乱舞は、この種の踊念仏であった。時衆の踊念仏はこれをよほど芸能化・娯楽化したものとおもわれ、今日の民間に残留する風流《ふりゅう》踊念仏は、時衆の遊行によって各地に伝播されたものがすくなくない。

また一遍の遊行には賦算《ふさん》をともなったが、これは念仏勧進をうけた人の数を計算するために、一定数の念仏札（賦算札）を刷っておいて、一人ごとに授与してその数を満たす方法である。一遍はその賦算札に「南無阿弥陀仏《なむあみだぶつ》 決定往生六十万人」と刷って、六十万人に賦算する目的だったが、示寂するまでの十六年の遊行でくばりえたのは、二十五万一千七百二十四人であった。一遍がこの調子で賦算をつづけたとすれば「六十万人の融通念仏」を満たすためには、あと二十五年の遊行を要することになり、勧進の容易でないことがわかる。

ところがこの賦算を、百万人におよぼそうとした遊行聖があった。これが謡曲

「百万」のモデルになった円覚十万上人道御《どうぎょ》である。一遍と同時代の聖であり、すべての点で一遍を上まわる行実をのこしながら、これを継承する教団をのこさなかったために、伝説のなかに埋没してしまった遊行者である。彼は幼時に生別した母をさがすために、各地で大衆をあつめる大念仏をもよおしたといわれているが、実際は壬生寺・法金剛院・清凉寺などの再興のために、勧進大念仏を興行したのである。清凉寺本『融通大念仏縁起』によれば、一遍が信濃で踊念仏を始行したとおなじ年、すなわち弘安二年（一二七九）に聖徳太子の夢告と称して清凉寺で融通大念仏をはじめ、踊念仏や狂言をおこなった。この念仏の節が「ハハーアミタンブ」ときこえ、これを「母見たや」ともじって「百万」のテーマとなったのだろうとおもう。しかし道御はけっして伝説の人物ではなくて、歴とした実在の勧進聖であることは、法隆寺新堂院棟札に「勧進聖人円覚」とあるのでもあきらかである。その寿像とおもわれる肖像画（重文）も京都花園の法金剛院にのこっている。その讃や『法金剛院古今伝記』によると、清凉寺に地蔵院を建てたのちは「回国の志を発し」て遊行に出たが、その目的は「浄財を移して廃寺を修し」たり、「悲田の貧病を拯《すく》う」ことにあったという。この浄財をあつめる方法が百万人の融通念仏賦算であって、かれは各地で大念仏をもよおしては集った人々に賦算をおこない、これが十万人に達するたびごとに盛大な供養大念仏をした。これが十回におよべば百万人賦算を完成したことになるが、いま十万人の碑が見出されるのは清凉寺釈迦《しやか》堂の裏と、法金剛院の旧寺地、双ケ岡《ならびがおか》の東麓《とうろく》だけである。しかし壬生寺や法隆寺にもあったであろうし、奈良元興寺極楽坊の僧坊再興にも関係しているから、ここにも見出される可能性がある。

以上のような遊行者が活躍しえた時代がすなわち中世であって、中世寺院の造営や再興は大部分かれらの勧進に依存した。それと同時に民衆の側も、かれらの唱導によって仏教や神道の信仰にふれることができたのである。また遊行者をむかえる中世人の意識には、古代信仰における遊幸神をむかえる観念がのこっていて、遊行者を「大師《だいし》の身代り」、あるいは「阿弥陀如来《によらい》の使者」などとして遇した。ところが中世の終末とともにその観念はうすらぎ、遊行者は単なる「宿借り」とか「物乞《ものご》い」としかかんがえられないようになり、近世にはいるとその姿を、社会からも文学からも没してしまうのである。

遍路と巡礼と遊行聖

一

わが国では古代の宗教者はすべて遊行者《ゆぎようしや》であった。かれらは総じて聖《ひじり》とよばれ、仏教化すると念仏聖や勧進聖、あるいはそのまま遊行聖・回国聖となった。そして庶民信仰や庶民文学、庶民芸能の伝播《でんぱ》者として、日本文化史上の大きな役割をはたしたのである。

淡島願人

ちかごろでは空也聖の鉢叩《はちたたき》や、笈《おい》を背負った淡島願人《あわしまがんにん》、あるいは六十六部回国聖のすがたを見かけることがなくなった。しかし第二次世界大戦のはじまるまでは、田舎町の埃《ほこり》っぽい街道の昼下りなどに、家々をおとずれるかれらのすがたがよく見られたものである。それどころか大戦がすんで間もなくのこと、私はいま住んでいる京都の郊外で、くたびれはてた淡島願人が笈を地べたにおいて、路傍の石に腰をおろしているのに出会ったことがある。また昭和四十五年（一九七〇）にも北九州の田川市内で、布切をたくさん下げ笈を負った淡島願人にであった。よほど気まぐれな放浪者であったのか、あるいはなにか事情があって、彼をそのような姿で放浪させたのか、それは知る由もなかった。しかしそれはうたがいもなく、古代の聖が神を背中の笈に奉じて、旅から旅へ遊行する庶民宗教者すなわち聖のすがたにほかならなかったのである。

日本国中どこへ行っても、村の広場や辻や堂の境内に、六十六部回国供養塔をみかけないことはない。また西国三十三所巡礼塔や、阪東秩父西国百観音供養塔、四国八十八所霊場供養塔も多い。それらは大てい江戸中期以降の年号をきざんだものが大部分で、農民の一生に一度の巡礼放浪の記念碑である。私はこのあいだ岩手の遠野盆地をあるいて、集落毎にかならず十数基の西国巡礼塔と金毘羅《こんぴら》塔が立っているのを見て、江戸時代の東北農民の巡礼への執念を空恐しくさえおもった。

こうして巡礼する農民は、貢租と天災にうちひしがれながら、こつこつと鐚銭《びたせん》を壺《つぼ》にためこんだ貯えを、胴巻にまきこんでは旅をした。その一方には、はじめから六部になって乞食《こつじき》しながら、巡礼するものもいた。そのばあい喜捨《きしゃ》と奉加と善根宿《ぜんこんやど》のお礼に、鉈彫《なたぼ》りの仏像やお札をおいてあるいた円空《えんくう》や木喰行道《もくじきぎょうどう》のような聖もある。しかし彫刻の特技がなくとも、笈に奉ずる持仏《じぶつ》や大師像さえあれば、うすぎたない放浪者も聖としてむかえられたのである。戦後でこそ、うっかり遍路に善根宿をかしたら、洗濯物をごっそりもって逃げられたというような悪評も聞くが、中世までは遊行聖は阿弥陀如来の使者であるといわれ、日が暮れて一夜の宿をもとめれば、どこでも手厚くむかえられた。この遊行聖にたいするホスピタリティ（異境人歓待）はかれらの放浪をきわめて容易にした。もしその一宿一飯を拒絶すれば、天罰はたちどころに下るものといわれ、それをよいことにして強引に宿をかりた高野聖は、宿借《やどかり》聖あるいは夜道怪《やどかい》などとよばれてきらわれるようにもなった。

『日本霊異記』には、遊行の持経聖《じきょうひじり》を軽侮してののしったために口がまがってしまった話や、放浪の自度沙弥《じどしゃみ》（聖）を虐待迫害したところ、たちどころに血をはいて死んだ話などをのせ、遊行の乞食のなかにも、隠身《かくりみ》の聖人がおるものだなどといっている。弘法大師伝説にも、大師がすたすた坊主に身をやつして旅をしているとき、水をあたえなかった村には水が涸《か》れ、芋をことわった村の芋は石芋（食わず芋）にかわったという話が日本中に分布していて、遊行の聖は敬せられるとともに畏《おそ》れられたのである。

二

古代の神を奉じて遊行する聖は女巫《めかんなぎ》が多かった。これが遊行女婦《うかれめ》となり、熊野比《び》丘尼《くに》となり、小野於通《おつう》の伝説ともなることは、すでに柳田国男翁がといている。

このように女巫は御杖代《みつえしろ》とよばれ、崇神《すじん》天皇六年に皇祖神天照大神の御杖代となったのは豊鍬入娘命《とよすきいりひめのみこと》であった。その後垂仁《すいにん》天皇二十五年には倭姫命《やまとひめ》に代り、大和笠縫邑《かさぬいむら》（現、奈良県田原本町）から宇陀《うだ》郡菟田《うだ》の篠幡《ささはた》（現、同県宇陀市）にうつり、近江《おうみ》・美濃《みの》をまわって伊勢の五十鈴《いすず》川上にしずまったという。しかし神道五部書の『倭姫命世記《やまとひめのみことせいき》』によると、崇神天皇六年から垂仁天皇二十六年まで八十六年のあいだに、大和・丹波・紀伊・吉備・伊賀・淡海・美濃・尾張・伊勢の九か国を十九か所にわたって、神託のままに遊行巡歴したことになっている。

また紀伊の天野の『丹生大明神告門《のりと》』によると、丹生津比咩《にふつひめ》大神がみずからの神領のうちである大和と紀伊の各地に分布する丹生の地に忌杖《いみづえ》をさしてあるいたというのも、この神を奉じた女巫の遊行をあらわしたものであろう。

これが熊野比丘尼となると、熊野の神霊を那智の浜でひろった石に憑《つ》けてあるいたらしく、その袂石《たもといし》がおもくなれば、神はそこにしずまることをのぞんでいるとして、熊野神社をたててまつった。全国で三〇七八社をかぞえる熊野社は、すべて熊野比丘尼の放浪の跡ばかりとはいえないが、境内に袂石が生長したという巌石をもつ社もすくなくない。たとえば岐阜県郡上郡美並《みなみ》村杉原（現、郡上市）の熊野神社や、郡上八幡町那比の新宮や本堂の比丘尼石で、これをけがしたので割れたという割目ものこっている。

ところが熊野の神霊の依代《よりしろ》は那智の浜の石だけでなく牛玉《ごおう》札もそうであった。したがって中世から近世の熊野比丘尼は、牛玉札を売りながら遊行した。彼女たちは群をなして比丘尼頭に菅笠《すげがさ》や塗笠をかむり、牛玉札箱を小脇にかかえて、熊野の本地や熊野霊験の語り物をかたりながらあるいたらしい。そのありさまは『洛中洛外図』や『四条河原図巻』のような、中世末から近世初期の風俗画によくえがかれている。しかしその歌は宴席にうたわれる恋や人情を主題とした小唄風のものとなったので、歌比丘尼とよばれるようになり、宴席にはべる遊女同様の色比丘尼ともなった。西鶴は『好色一代男』に、二十六歳の世之介が江戸滅多《めった》町で契った歌比丘尼と越後で再会した話をのせているから、ずいぶん遠方まで売春の放浪をするものもあったらしい。

　御寺の門前より詠《ながむ》れば、勧進比丘尼声を揃てうたひ来れり。是はと立よれば、かちん染の布子に黒綸子《りんず》の二つわり前結びにして、あたまは何国にても同じ風俗也。元是は嘉様《かよう》の事をする身にあらねど、いつ頃よりおりやう（御寮）猥になして、遊女同前に相手を定ず。百に二人といふこそ笑《おか》し。

とあるような風躰《ふうてい》で、かれらは群行するようになったが、もとは熊野神霊を奉じた巫女《みこ》であった。

三

古代の宗教者で遊行したものに遊部《あそびべ》とよばれるものがあった。遊部の実際の生態はよくわからないが、ただ一つの文献である『令集解《りょうのしゅうげ》』の喪葬令《そうそうりょう》の注釈によると、遊部は天皇崩御ののちの殯《もがり》に奉仕する職能者であった。一度殯に奉仕すれば一生仕事をせずに遊んでくらせたし、また課役を免除されて意のままに遊行できたから遊部というとある。しかし遊部の遊《あそび》はもとは「舞い遊び」で、歌舞することであり、天鈿女命《あめのうずめのみこと》の神楽も遊であった。もう一つの遊はここにいう遊民となって遊行するという遊である。『令集解』喪葬令は後者の解釈を「穴説」から引き、前者を「古記説」から引いているが、これらは遊部がもはや不明に帰してからの注釈である。しかし実際には遊（神楽）もするし、死者の霊の口寄せをしながら遊行したものとおもわれる。これはイタコやミコ、アズサ、アガタなどの姿にのこっていて、霊が憑くまでの歌舞は神楽であり、口寄せをしながら遊行した。

ここに殯所奉仕というのは天皇崩御ののち、御遺骸を殯宮に安置してあるあいだ、御遺骸にたいして供物の酒食を供えたり、神楽をしたり、祝詞をとなえたりすることであった。古代ではその期間は意外にながく、六年ないし二か月で、平均二か年である。この殯宮の期間は死霊があらびすさびやすいので、鎮魂の神楽でしずめたり、秘密の祝詞で鎮魂する必要があった。天鈿女命の天岩戸の神楽も、天照大神の「おかくれ」になった墓前の鎮魂神楽であった。天鈿女命の子孫である猿女君《さるめのきみ》も遊部の一派ではなかったかとおもわれる。というのは『令集解』によると、遊部は猿女君とおなじく女系相続で、天鈿女命が桙をもって舞ったように、「刀を負い戈《ほこ》を持つ」て殯宮内で奉仕するものであった。

したがって遊部は鎮魂呪術者であったから、その呪術を身につけるための修行が必要だったのであろう。この死者の思いのこしたことを巫女の口を通して語るという「口寄《くちよ》せ」も一種の鎮魂呪術であるが、これをおこなう巫覡《ふげき》、すなわちシャーマンには女巫と男巫とがあった。イタコやミコやアズサは女巫であり、男巫では山伏修験などの行者も口寄せをおこなった。口寄せは神意を占問《うらど》う「託宣」と区別して、人間の生口《いきくち》と死口《しにくち》をまねき寄せてかたらしめるのであるが、女巫であるイタコやミコやアズサがもっぱら死口を寄せるのは、やはり遊部の鎮魂に関係があろうとおもう。

『梁塵秘抄』には、

東《あずま》には　女は無きか　男巫《おとこみこ》
　されば\や　神の　男には憑く

とうたっているが、東国にももちろん女巫はすくなかった。ただ東国では山伏の託宣が多かったから、そのように言われたのであろう。鎌倉時代の『沙石集』には、山伏と女巫の山中での「しどけなき事」の話があるように、東国では山伏と女巫が夫婦であることが多かった。

しかしふたたび西鶴の『好色一代男』を例に引くと、県御子《あがたみこ》のなかにも熊野の歌比丘尼とおなじく、遊行の遊女がおったことが知られる。県御子は信州の小県《ちいさがた》地方から出た口寄せ巫であったが、関東地方では口寄せ巫一般をアガタとよんだ。

　あらおもしろの竈神や、おかまの前に松うえてと、すゞしめの鈴をならして、県御子来れり。下にはひわだ色の襟をかさね、薄衣に月日の影をうつし、千早、県帯むすびさげ、うす化粧して黛《まゆずみ》こく、髪はおのづからなでさげて、(中略)のぞめば遊女のごとくなれるもの也

とあるのは、かならずしも西鶴のフィクションとはいえない。これは古代の女巫が神の一夜妻であるがゆえに、神の憑《かか》る尸者《よりまし》であったこととつながりがある。そして世之介がこの県御子と夫婦になり、鹿島の神職となって「国々所々を廻る」という趣向も、このような女巫の遊行性をしめしたものである。

四

遊部の伝統は女巫につながるとともに、聖《ひじり》につながる。倭姫命とその跡を継ぐ伊勢の斎宮《さいぐう》は、昇華し浄化された天皇家の始祖、天照大神の御霊の御杖代《みつえしろ》であったから、未婚の聖女でなければならなかった。しかし殯《もがり》にあるあいだの死霊の尸者であった遊部の女巫は、かならずしも未婚である必要はなかった。

『令集解』喪葬令のもっとも古い注釈である古記説によると、大和高市郡の遊部は生目天皇（垂仁天皇）の庶子である円目王が、伊賀の比自支和気《ひじきわけ》の娘を妻としたものの子孫である。殯所の鎮魂はこの比自支和気の娘の職能であったが、一時辞退したので円目王が妻に代って、長谷天皇（雄略天皇）の殯所で鎮魂をした。この因縁から実際の遊部の仕事は、男子がつとめるようになったというのである。

ところがわが国の古い葬法として殯（風葬）ののちに葬《はふり》（土葬）する葬制は、仏教のもたらしたインドの火葬が採用されることによって、大きな転換をする。これは仏教伝来から百二十年をへた文武《もんむ》四年（七〇〇）の道昭の火葬からであるのは、いささかおそきに失するようにおもうが、それから三年をへだてて持統天皇が殯ののち火葬され、七年後には文武天皇が火葬ののち殯せられた。このように急速に火葬が普及するとともに、殯に奉仕する遊部が火葬に従事する三昧聖（隠坊《おんぼう》）に転業するのは当然である。そのために遊部の後裔《こうえい》は僧侶《そうりょ》の身分をもつ必要があった。しかし大宝律令の僧尼令は一定の仏道修行をへて、官寺に所属するもののほかは、容易に出家入道をゆるさない。そこで隠坊に転じた遊部は、いかにして僧侶の身分をえたであろうか。

ちょうどこの時代に行基は、僧尼令によらないで勝手に仏道に入るもの、すなわち私度僧をあつめて反体制的教団を組織していた。このような私度僧は奈良時代には優婆塞《うばそく》とか沙弥《しゃみ》とか、聖あるいは禅師《ぜんじ》などとよばれた。そして官僧が官大寺に定住して不殺生、不邪淫などの戒律にしばられ、国家の命ずる学問や儀式に従事していたのにたいして、私度僧は半僧半俗の気儘《きまま》な生活と、遊行しながらの説経唱導をしてあるいた。ここに仏教化した遊行聖の成立がある。奈良時代の養老（七一七―七二四）から天平（七二九―七四九）にかけて、行基の私度僧教団が大きくなるのは、仏教以前の宗教者である遊部や聖たちが多数流入したためであろうと、私は推定する。

いまのこっている『行基絵伝』や、『三昧聖由緒書《さんまい》』などによると、行基の法弟志阿弥《しあみ》法師が「惣三昧御坊聖《おんぼうひじり》」にとりたてられ、法躰《ほったい》（僧形）で葬礼をつかさどることになったという。おもうに志阿弥《しあみ》というのは沙弥《しゃみ》のことで、聖と同義語であったのを、阿弥号をもった個人のように伝承したのであろう。すなわちこのようなところに、行基教団と遊部から転じた遊行聖との関係を、暗示するものがあるようにおもわれる。

五

行基とその教団が官憲からしばしば非難された理由は、集団をなして都鄙《とひ》を遊行し、経を負い鉢をささげて乞食《こつじき》し、みだりに罪福の因果を説いて、人をまどわすということにあった。罪福の因果を説くというのは、死者の口寄せをして冥界の消息をつたえ、人生の不幸を死霊のたたりとする因果物語を説経したのである。現在の新興宗教にも、前世の因縁とその罪ほろぼしを基調として人の心をとらえるものがあるが、これも遊行聖の説経とおなじ型といえよう。

天災も病気も死も突然おそって来る。古代人はその原因をあの世に居る死者の霊にきき、そのたたりからまぬがれる方法をもとめた。いわゆる「罪福の因果」をとく聖が、庶民からむかえられた理由である。しかもその因縁話は興味ぶかくかたられ、筋は文学的内容をもち、そのかたりくちは浪花節《なにわぶし》や祭文のもとをなす説経や「くどき」の語り口をもっていた。『日本霊異記』と『今昔物語集』は聖たちが罪福の因果をといた口誦文芸の名残りである。

ところで不幸の原因となる前世の罪、あるいは死者のたたりは、まぬがれる方法がまったくないわけではない。その一つの方法は聖の勧進に応じて米銭や労力を奉加し、宗教的社会的作善《さぜん》に参加することであった。作善というのは善根《ぜんごん》とおなじで、功徳《くどく》を積むことである。具体的には仏像を造顕し、堂塔を建立し、経典を書写し読誦し、僧侶に衣食を供給し、仏教法会を維持するために力に応じて金品を出したり、労働奉仕をする。それればかりか他人のために橋をかけ、路をつくり、洞門をほり、船をわたし、旅人を宿し、乞食や貧窮者に布施する社会的作善も、たたりをまぬがれるための「罪ほろぼし」になる。

もう一つの方法は、霊場の巡礼と苦行によって罪ほろぼしをすることであった。縄文時代人は狩猟生活をするので、かなり遠隔の旅行をしたようであるが、弥生《やよい》時代以後、定着農業をいとなむようになってからの旅は、生業の放棄を意味する。それは寒暑飢渇の苦痛をともなうとともに、生命の危険に直面することすらすくなくなかったであろう。したがって巫や聖の「口寄せ」によほど重い罪とたたりがかたられぬかぎり、たやすく巡礼の旅には出られなかったはずである。それは今の汽車やバスによる、観光的巡礼ではかんがえられぬことである。宗教的な放浪は、死まったは死にちかい苦痛で罪をほろぼす苦行であったから、巡礼者の旅姿は死装束であった。死者もまた旅装束で、手甲、脚絆《きゃはん》に頭陀《ずだ》袋、杖《つえ》と笠《かさ》を棺に入れられる。これはこれからの長い長い死出の旅路で生前の罪をほろぼし、やがて安楽な死後の生活をえさせようとする心づかいのあらわれであった。

しかしこれらの滅罪行、すなわち「罪ほろぼし」は、代理でもよいというのが庶民の滅罪の論理である。ここに代受苦者《だいじゅくしゃ》としての聖の遊行と苦行の意味がある。聖の放浪は呪術者としての超能力を身につける修行であると同時に、自分に代理を委託された信者の罪とたたりを、遊行と巡礼の苦痛によってほろぼすことであった。

近世の例であるが、生涯民芸的仏像制作の放浪をした木喰行道は、安永二年（一七七三）、五十六歳のとき、巡礼回国の旅にでる。このとき自分の信者でこの旅を後援してくれた百三十九人の名前と戒名と、奉加の金品を書いた『万人講帳《まんにんこう》』をのこしている。彼の巡礼回国はこれらの人に代受苦の滅罪を委託されたことを意味するもので、彼はしばしば自分の作った仏像に、万人講帳記載の信者の名を「ボダイのため」と墨書した。その最後は文化四年（一八〇七）、九十歳のときの作品で、摂津猪名川の東光寺にのこされた十王像に見られる。

喜八丈　ボダイノタメ

サガミイセハラ　ヒヤウグヤ　金次郎丈　ボダイノタメ

などと、滅罪生善の菩提《ぼだい》がえられるように祈っている。

聖の遊行は空也、西行、一遍、高野聖などによって代表されるのであるが、そのような遊行回国の聖の発生と遊行の意味は、以上のようなものであった。

西行と高野

一

西行と高野の関係は『山家集』の随所に見えている。西行は久安《きゅうあん》五年（一一四九）の高野山焼亡ののち高野へ入り、「高野の山を住みうかれて後、伊勢の国二見の浦の山寺に」入った治承《じしょう》四年（一一八〇）のころまで三十年ほどは、高野を中心としてその宗教生活と文学活動をおこなった。伊勢へうつってからも高野へ出入したらしく、『長秋詠藻』や『続拾遺集』十六の詞書によれば、「皇太皇后大夫俊成、千載集えらび侍る由聞きて」歌をおくったのも高野山からであるが、『千載集』撰進の院宣は寿永《じゅえい》二年（一一八三）のことであった。もちろん、その間にあって奥州行脚《あんぎゃ》や再度の西国修行があり、京都・熊野・吉野・天王寺・長谷寺などにもたびたび往来している。徹頭徹尾高野に住んでいたというのではないが、『山家集』の詞書を中心として見るとき、彼の本拠が高野であったことをうたがうものは、おそらくないであろう。『撰集抄』も西行を高野に所属する僧としてえがいており、「都にのぼりて」にたいして「高野へかへりて」と表現している。

しかし『西行物語』はなにゆえか、西行の妻が高野のふもと、天野《あまの》の別所に住んで、その娘が母をたずねて天野におもむき、ともにこの地で往生をとげたことを、物語のクライマックスとしておりながら、西行の高野在住をとかないのである。ただ「一院かくれさせ給て、やがて野ところへ御さうそうの夜、高野よりおもはずに参りあひたりけるが」とあるだけが、彼の高野在住を暗示するにすぎない。これはこの物語が西行の生涯をうつすことを目的としたものではなく、棄《き》恩入無為《おんにゅうむい》の出家の因縁と、恩愛《おんないふ》不能断《のうだん》の妻子との再会を一編のテーマとし、その間に作歌遍歴をもりこんだ文学作品として、構成されたためであろうとおもう。

しかし『西行物語』にこのような虚構があったとしても、この物語の歴史性を全面的に否定するのはあたらない。川田順氏はかつて「西行独身論」をかいて、『西行物語』のような妻子の存在は歌聖西行を冒瀆《ぼうとく》するものだ、といって、この物語や『撰集抄』を荒唐無《む》稽《けい》ときめつけた。まことにいさましい理想主義的西行論という外はないが、歌聖が独身でなければならなかったり、学行兼備の高僧でなければならぬ理由はない。このような理想化は、まったく川田氏の一人相撲であって、西行当人は迷惑とするにちがいない。実際に『尊卑分脈《そんぴぶんみやく》』の秀郷《ひでさと》流系図には佐藤義清《のりきよ》、法名円位号西行の子に権律師隆聖がある。また、『山家集』には在俗のとき住みなれた家をしのび、子を思い、「人を恋うる歌」がすくなないのである。すなわち『西行物語』や『撰集抄』のように、妻子の絆《きずな》につながれた西行こそ、歴史的現実的な人間西行である。私はこの二つの西行文学が、文学的虚飾をふくみつつも、この点だけは西行という人間の、真実の姿をしめしたものであることをうたがわない。

二

しかし『西行物語』と『撰集抄』の真実性は、もっと別の見地からの証明を必要とするであろう。すなわち妻子ある西行が高野において、いかなる地位を占めていたかという問題である。この時代には西行の親友であった雲居寺《うんごじ》(跡地は現、京都市東山区)の瞻西《せんさい》上人のように、ひじりの屋をばめかくし(女隠し)に葺けと、天下にかくれなき隠し妻を皮肉られた聖があったように(『今物語《いまものがたり》』)、さらば一生不犯の聖ゆゑ、父に似てひじらんずらんと父子二代にわたって妻をもった上人があった(『沙石集』)。中世の聖には妻帯僧はすくなくなかったが、高野山でも半僧半俗の妻帯僧は、聖(非事吏)という低い階級をなして多数存在した。これが対外的には「高野聖」とよばれるもので、世俗性と回国性と勧進性がその属性であった。高野における聖の発生は、すでに平安中期の高野浄土信仰から出発して、寛治《かんじ》二年（一〇八八）の白河上皇高野御幸のとき三十口聖人が定め置かれ、とくに聖のために荘園が寄進されるほどに生長していた。これをひきいたのは小田原聖教懐であったが、ついで覚鑁《かくばん》上人や仏厳《ぶつごん》上人が出て密教的浄土教と真言念仏の教理体系が確立された。その結果『高野山往生伝』に採録されたような多数の念仏者、願生者がこの山にあつまって来た。ただこの時代の聖は、学行のほまれ高い検校、学頭、阿闍梨《あじゃり》等を多くふくんでいたので、のちの高野聖と質的に異るものがあったから、私はこれを前期高野聖とよぶこととしている。ところが保元《ほうげん》・平治《へいじ》から源平の争乱時代になると、敗残者や失意者がアジールとしての高野と、諸仏浄土としての高野にあこがれて来集し、雑多な念仏聖集団が形成される。なかでもとくに有名なのは『平家物語』に出る宰相入道成頼（空親または体阿弥）・滝口入道時頼・俊寛の従者有王・重衡の従者木工允《もくのじょう》平友時（円阿弥）や、その他の文献に出る阿波守平宗親（心戒房または幽阿弥）・斎所聖《さいしょひじり》寂阿弥・熊谷入道蓮生など、公卿武家またはその従者がある。かれらは多く蓮花三昧院の明遍周囲にあつまって蓮花谷聖となり、俊乗房重源のおこした新別所に入って蓮社友となったが、また一方では諸方をめぐって納骨と念仏をすすめる、回国の高野聖になった。

このような中期高野聖と前期高野聖との過渡期にあったのが西行である。彼の世俗性と回国性と勧進性は高野聖以外の何者でもない。このころの聖は高野の西麓天野に別所をかまえて妻子などもおいたらしく、斎所聖もここで妻子に対面している。西行の女友達の待賢門院中納言の局《つぼね》も西行をしたって天野にうつり住み、待賢門院帥《そち》の局もここで西行に会うのである。したがって西行が妻子を、ある期間ここにおいてもすこしも不思議ではなく、いまもこの地には西行庵址に、西行夫妻とその子の三基の五輪塔があり、「西行のはざま田」なるものも存在する。

また西行の回国はいまさらのべるまでもないが、彼がつねに往来した京都近郊の嵯峨・大原・白川・東山・西山は、いずれも高野聖と密接な関係のある念仏聖の住むところであった。したがってその聖たちによって浄土宗・真宗・時宗・融通念仏などの浄土教の本拠となった。また熊野・長谷寺・四天王寺も念仏聖がこのんであつまるところであったから、西行が修行と勧進にこれらをめぐるのは自然であろう。これを単に作歌のための風雅の旅とかんがえることはできない。そのような遍路・回国を『山家集』でしばしば「修行」とよぶが、これは単なる求道《ぐどう》のためばかりではなく、高野聖の最大の任務であるところの、堂塔の維持再興や、高野山僧の生活の資糧をあつめるためであった。もし西行が川田順氏のいうような純粋な求道者であれば、むしろ高野を一歩も出ないで、学行一途の生活をすべきであった。それにもかかわらず、風雅めかしくうろうろと山を出たり入ったりすることがゆるされたのは、彼の高野における身分が聖以外の何者でもなかったことを意味するだろう。

ところで回国の目的が資縁の勧進にあるとすれば、念仏とともに善根をすすめて、造寺・造塔・写経仏餉《ぶっしょう》燈油料などの喜捨をあつめなければならなかった。西行が五辻斎院《いつつじさいいん》の発願になる高野山東別所の蓮華乗院を壇上に移建したことは、『高野山宝簡集』治承元年（一一七七）三月十五日付の「円位書状」にあきらかである。しかもその柱絵の指図まですることは、文覚《もんがく》や重源《ちょうげん》に見られる勧進の仕方で、おそらく彼は宮廷や貴族との旧交を利用して、大口募財専門の勧化をしたのであろう。彼はまた同年に清盛にすすめて、高野山領にたいする紀州日前宮《ひのくまぐう》（現、和歌山市）の造営賦役を免除せしめている。これを見ると久安五年（一一四九）に雷火のために炎上した大塔・金堂・灌頂院等の再興にあたって、これを奉行した忠盛・清盛と西行とのあいだには、すでに密接な関係がむすばれていたのであろう。『聞書残集』によれば、「忠盛の八条の泉にて、高野の人々仏かき奉ることの侍りけるにまかりて」と詞書があるのも、作善勧進であったことが想像される。

西行の勧進はまた高野以外の寺にもおよんだらしく、世尊寺定信の発願した今熊野観音寺の再興にも関係しており、また俊乗房重源の依頼で東大寺大仏再興のために奥州平泉まで勧進におもむいた。また奈良の元興寺極楽坊が大改修をおこなったとき、その勧進にあたったことが『諸寺縁起集』にみえている。そしてその勧進の手段としたものが「柿経《こけら》」というものであったが、その中に西行自筆もあると信じられている。奥州への勧進の旅には『吾妻鏡』は西行が銀の猫を頼朝からもらった話をのせているのはよく人の知るところであろう。

以上のべたような西行の世俗性・回国性・勧進性は彼の高野入山が単なる遁世でなかったことをものがたるばかりでなく、高野聖的な存在であったことをしめすのである。彼が円位なる法名をもちながら西行の号で通したのも、空也が光勝という法名を用いなかったとおなじ念仏聖・勧進聖の精神をつぐものであろう。そのような半僧半俗の庶民仏教者の一人として西行を理解するならば、西行の諸種の行動は無理なく理解され、『西行物語』や『選集抄』の伝記的価値を評価できるのではないかとおもう。

世捨てと遊行

一

世捨人が世上にあふれ、都の内外はもとより、奥州、西国のはてまで横行して、一つの世捨て文化を生みだすのは平安末期の動乱の時代であるが、現代はなにかそれに似た不吉な徴候でもあるのだろうか。

ヒッピーの群が東京の公園を占拠したり、都大路を闊歩《かっぽ》したかとおもうと、他の一団は信州の高原に世捨て村をつくり、因幡《いなば》の過疎村に集落をつくったりする。人はかれらの奇矯《ききょう》な行動や風躰《ふうてい》を、なかば笑い、なかばあきれるのだが、このいやな現代からのがれたいという願望にだけは、同意せざるをえない。

四、五年前まではヒッピー・スタイルのうすぎたない若者が電車やバスにのると、乗客はいちように不快感をしめす渋面をつくり、女学生ならクスクスとわらったものだった。

しかしいまは長髪も長髯《ちょうぜん》も、ジーパンもつっかけサンダルも、すっかり定着してしまった。これは現代の世捨てスタイルといえるかもしれない。ただそこには平安末期のような、荒涼たる世捨て志向を、法語や随筆に表現したり、歌に托したり、無常感の文学や語り物を生みだす創造性がない。そのような世捨て文化を生みだす世相はあるのだが、目的のない放浪やギターや、ゴーゴーや刹那的快楽のために、人間の自由をもとめる「世捨て」を、不毛なデカダンスにしてしまっている。

現代は平安末期以上の危機の時代である。それは日本だけでなく、人類的な規模でわれわれの上におもくのしかかる。信頼しきっていた人間讃歌の近代そのものが、根底からゆらぎだしている。反戦と平和と人類愛の美辞麗句をいくらならべても、戦争の暗い死の影はだれもはらうことができない。

都会の高層建築やデラックスな新幹線が、いくら高度成長の繁栄を誇示しても、それは砂上楼閣のような虚構であり、あぶない綱わたりであることに人々は気づきはじめている。『方丈記』にならべ立てられた天災にかわる人災、公害、過密、交通事故死がせまっており、僧兵にかわるデモやバリケードや爆弾が火を吐く。だれもが逃げだしたくなるような嫌悪感をいだきながら、人々は日々を生きている。

ところが、このような不安感、危機感、無常感を、現代人は哲学や文学や宗教として深層化するかわりに、刹那的な快楽に転化する。もし現実逃避だけを「世捨て」というなら、マージャンやゴルフや、ボウリングにダンス、そしてレジャー旅行も世捨ての一形態といえるだろう。しかしそこに平安末期の世捨て人たちのような宗教も文学もなければ、それは動物が危険から身をまもるために、繁みにかくれるような逃避にすぎないのである。

もちろん鴨長明《かものちょうめい》といえども「世を遁れて、山林にまじわるは、心を修めて道を行わむとなり」という理想をもって世を捨てながら、人間の煩悩をすて去ったわけではない。「すがたは聖人にして、心は濁りに染めり」とみずから反省して、「不請《ふしょう》の念仏」両三遍となえる観照の心をうしなわなかったからこそ、すぐれた隠者文学を創造しえたのであろう。「世捨て」は単なる逃避でなくて、現実よりもっと大きい価値を追求する、積極的で意欲的な実践でなければならない。思想も宗教も現実否定から出発する点では、世捨てとおなじ志向性をもっている。しかしその現実否定は、より大きい肯定を目ざしてはじめて、未来の創造、現実の矛盾の解決につながることができるであろう。

そのような意味で、わが国の古代から近世までの世捨て人が、どのような思想で隠遁と遊行の生活をおくり、どのような文化を創造したかを追って見よう。ことに行基や空也のような古代の遊行聖から、西行の風雅の遊行、中世の念仏聖たちと、近世の円空《えんくう》や木喰《もくじき》の放浪など、多くの世捨て文化の創造者をとりあげて見たい。

二

「一所不住」は仏教でもキリスト教でも、宗教的実践には欠くことのできない条件であった。行雲流水《こううんりゅうすい》のごとく、一所にとどまることなく明師をもとめて遊行する禅僧なども、いまのように一僧堂に定着するのでなく、飢えながらの托鉢《たくはつ》遊行が本来の姿だったのである。小乗仏教国では在家者も一生に一度は出家期があったが、沙門もまた一夏《いちげ》(雨期)九旬の安居《あんご》の定住生活をのぞいては、行乞《ぎょうこう》托鉢して樹下石《じゅげせき》上《じょう》の行脚生活をおくった。しかし日本では官僧は諸大寺に属して、僧房に止住し、厚い国家の庇護《ひご》のもとで安逸の生活をたのしんでいたのである。ただ不自由といえば肉食妻帯できぬこと、自由な遊行や外出ができないぐらいだった。もし山林修行をしたり、木食修行したいという官僧があれば、寺の役人(三綱)が連署したうえで、中央官庁の玄蕃寮《げんばりょう》か、国司・郡司の許可をもとめなければならなかった。これはまさしく仏教本来の乞食《こつじき》行脚と樹下石上の精神をわすれた、過保護政策というほかない。しかも山林修行を許可された官僧には、山居の国司・郡司が食糧をとどける、という恩典までついていた。そのかわり書類で許可された山林から、他の山林へうつることも禁止されたのである。

いつでも保護と恩典には紐《ひも》がついているものである。だから国公立大学の過保護には、研究や政治活動の制限がついていて当然である。保護はほしいが紐はいやだというのは、駄々ッ子のいうことで、これも過保護の結果、駄々ッ子になったのである。自由を制限する紐がいやなら、保護と恩典を辞退すべきだという思想が、古代の世捨て聖たちに共通した心意気だった。古代の世捨て聖は私立大学ならぬ私度《しど》僧《そう》で、自前で生活を維持するかわり、自由にどこへでも遊行できたのである。ヨーロッパの中世にはフランチェスコやドミニクスの托鉢僧団《メンディカンツ》が、純粋なキリスト教精神を民衆のあいだにひろめたように、わが国の私度僧も大乗仏教を、日本の民族宗教と融合することによって庶民化した。諸大寺に安住する官僧は鎮護国家の祈願法会と、生かじりの法相《ほうそう》・三論・倶舎《くしゃ》・成実《じょうじつ》・華厳《けごん》・律の煩瑣《はんさ》哲学を、ペダンティックにもてあそんだのにたいして、私度僧たちは都鄙《とひ》を遊行して、無知な庶民にわかりやすい因縁話をした。その結果、自発的に造寺・造塔、造像・写経などの作善《さぜん》に参加させ、同時に橋や道路をつくる功徳《くどく》をとき、社会事業にも労力と金品を提供させたのである。これが聖の勧進というものであるが、政府はこれをすらも、百姓を妖惑する行為であると非難した。

しかし律令国家に寄生して、大伽藍《がらん》の上にあぐらをかき、荘園の農民を搾取して豪奢な生活をいとなんだ官僧は、底辺の無知な庶民のために何をしたというのだろうか。世捨て人である私度僧たちこそ仏教を実践し、仏教を庶民にひろめ、遊行と勧進によって寺を建て仏像や写経をたくさんのこしたのに、国家から非難されたのである。その不当な仕打に聖も庶民も反撥《はんぱつ》したとおもわれるが、官製の記録文献はそのような民の声は一言もしるしていない。

それだけなら過去の歴史としてゆるせるとしても、現代の進歩的な歴史も、官僧の事績や伝記を追うだけで、私度僧の功績をほとんどしるさないのである。わずかに行基の事績をあげても、かれが世捨て人である私度の聖の頭目であり、行基みずからが私度の沙弥であったことを是認しようとしない「歴史家」が多い。なるほど『続日本紀』という官製の国史と正倉院文書には、彼を薬師寺僧、あるいは大僧正としたり、徳行をたたえる文がある。しかしそれは、そのときの政府の御都合主義による形式的得度授戒の扱いであり、大僧正の任命や讃辞であって、行基そのものはあくまでも「小僧《しょうそう》」(大僧《だいそう》＝比丘にたいして沙弥のこと)であり、私度の聖にすぎなかった。そのことは庶民側から行基を見た『日本霊異記』では、きわめて明瞭なことである。しかし「進歩的歴史家」と自称する人々は、反体制、反権力的言論だけは弄しながら、官製の国史や正倉院文書を信用して、庶民側の伝承記録はけっして信用しない。これではいつまでたっても、歴史の底辺をささえた庶民の歴史があきらかにならないのはあたりまえであろう。

三

行基やその徒衆は遊行と唱導（説経）と勧進によって、多くの「世捨て文化」をのこした。そのなかには天平の東大寺大仏をはじめ、畿内四十九院の寺々や仏像、そして橋や溝樋や布施屋や船舶などがかぞえられる。しかしかれらの世捨ては、俗家や妻子もすててしまうのでなく、遊行乞食《こつじき》することによって、妻子もやしなうのである。すなわち勧進のリベートで生活したわけである。

行基を理想像とした『日本霊異記』の著者、景戒は自分のそのような生活を下巻の第三十八話にのべて、

俗家に居りて、妻子を蓄はえ、養物なく、菜食なく、塩なく衣なく薪なし。万の物ごとに無くして、思い愁《うれ》へて、我が心安からず。

というような赤貧洗うがごとき貧乏生活をするのは、煩悩をすてきれず、布施行を修さないためだときびしく懺悔《ざんげ》する。この懺悔がまたかれらをかりたてて、勧進におもむかせるのである。しかしこのような身の上をかなしんでいる景戒の夢に、彼とおなじような身の上の遊行聖がおとずれてくる。

これは紀伊国名草郡の沙弥鏡日というもので、景戒の家の前で誦経教化《きようけ》（説経）して、私にはたくさん子供があるので、こんなことをするのだといって食を乞うた。

これを見て景戒は一つの悟りに達する。すなわち鏡日は自分の分身なのであって、このように妻子をたくわえて沙弥となり、世をすてて乞食遊行するわれわれ私度僧こそ、観音の変化《へんげ》なのだ。ほんとうに菩薩《ぼさつ》とよぶにふさわしい聖《ひじり》なのだ。諸大寺の官僧のように、具足戒をうけて大僧（比丘）にならないで在家にとどまるのは、観世音菩薩だっておなじことではないか。大乗仏教は在家仏教なのだから、妻子をもった私度の沙弥は、ほんとうの仏教を実践して有情を饒益《にょうやく》するために、わざとこのような生活形態をとるのだ、と。

こうした私度僧の思想はたしかに筋の通ったもので、国家の丸抱えになって、安泰でゆたかな生活をする官僧を蔑視《べっし》している。妻子をもち貧乏でうすぎたないわれらこそ、ほんとうに世を捨てた出家者であり、菩薩である。偽善的な戒律をまもりながら、僧房の奥で暖衣飽食する官僧こそ在家者で、その驕慢《きょうまん》と独善のゆえに地獄におちなければならない、とかんがえる。

この思想は『日本霊異記』が元興寺の著名な学僧、智光は地獄へ堕《お》ち、行基沙弥は極楽へうまれた、という説話（中巻の第七話）をのせていることにもうかがわれる。すなわち智光が頓死して地獄へおち、熱鉄の柱を抱く苦をなめながら、西方極楽の方に行基の行くべき金殿楼閣が用意されているのを見て、閻魔《えんま》王の使者にそのわけをきいた。するとその答は、行基が大僧正に任ぜられたとき、智光は「吾はこれ智人、行基はこれ沙弥。何の故に天皇、吾が智を歯《よわい》せずして、ただ行基を誉め用いるや」と不平を言ったではないか。このとき行基沙弥をそしった罪をこらしめるために、智光を一時地獄に堕したのだから、もう帰ってよろしいといわれて蘇生し、前非を行基に悔いたというのである。いかにも堂々たる庶民仏教、聖の仏教の主張である。

四

行基の世捨て人集団は、行基の教化に感動して、本居《ほんきょ》を捨て、業を捨てるものが多かったが、そこにはもちろん律令的体制からの脱落者も多かったわけである。そしてこの集団と行動を共にすれば、何とか食べてゆけたのであろう。これが平安時代に入ると、大土地所有の進行とともにその数を増してゆく。延喜《えんぎ》十四年（九一四）の『三善清行意見封事十二箇条』では天下の人民、三分の二まで禿首《とくしゅ》の私度沙弥となった、というのは誇張であるとしても、空也が出た天慶《てんぎょう》・天暦《てんりやく》・天徳《てんとく》のころ（九三八―九六一）の、私度沙弥集団の勢力が想像される。

空也は青年時代には世捨て人の優婆塞《うばそく》（山伏）となって、日本国中の名山霊窟を遊行し、道路をなおし泉をほり、すてられた死者を火葬する、などの社会的作善もおこなった。のち私度の沙弥となって空也と自称した。そしてやがて比叡山で正式の得度授戒して、光勝という僧名をあたえられても、生涯私度沙弥の「空也」を名乗って終ったのが、やはり彼の心意気だったのである。

行基の集団には、志阿弥《しあみ》という火葬の業を行基からさずけられた隠坊《おんぼう》の開祖があった、という所伝は信じてよいとおもうが、「志阿弥」はもちろん「沙弥《しゃみ》」の音写である。そしてこの隠坊は古代の葬送従事者だった遊部《あそびべ》の後裔で、遊行を事とした といわれるから、遊部が大挙流入した行基の「沙弥」集団が天下を遊行したのは当然であろう。おなじような現象は「空也僧」集団にもあらわれたとかんがえられ、京都最大の葬場だった鳥辺野《とりべの》には、「空也の寺」六波羅蜜寺の支配をうける三昧聖《さんまいひじり》(隠坊)が住みついた。空也が鳥辺野の一角、六波羅(髑髏《どくろ》原《はら》)に居をしめたことがすでに三昧聖との関係を暗示する。隠坊というのは三昧聖を「御坊《おんぼう》」とよんだからであろう。

こうした空也僧は瓢《ひさご》簞や鉦鼓《しょうこ》やササラを楽器として踊る、踊念仏をして天下を遊行した。『空也誄《るい》』という根本的な伝記に踊念仏が出てないので、空也の踊念仏をうたがう説もあるが、一遍の踊念仏は空也にまなんだものだということや、清凉寺本『融通大念仏縁起』に乞食のような空也僧の踊が見えるので、これは信じてよいであろう。東北地方の鹿踊《ししおどり》も空也からの伝来をつたえており、空也僧とササラ(茶《ちゃ》筅《せん》)も切りはなすことができない。すなわち空也僧が定着した村は茶筅部落といっていたので、茶筅製造や三昧聖をしたのである。また鉢《はち》を叩《たた》き鉦《かね》を打《う》ち踊念仏をしたが、のちに瓢箪《ひさご》（杓から鉢にかわる）や鉦鼓を叩いて墓をめぐり、怨霊を鎮める大念仏をおこなった。近世になると転じて芸能集団となり、踊念仏や歌舞伎（地狂言）をおこなう一座となって、各地を興行してまわるようにもなった。

古代から中世にかけても、芸能者はいずれも世捨ての遊行者だった。遊部も死霊鎮魂の遊（神楽）をする芸能者であるとともに、遊行する放浪者でもあった、とおなじである。『万葉集』に見える遊行女婦《うかれめ》も、遊行の女巫であるとともに、神遊の舞や琴鼓の音で神や霊をよびよせる芸能的宗教者であったとかんがえられる。これはのちに遊女、白拍子《しらびょうし》ともなるが、その遊行性は瞽女《ごぜ》や熊野比丘尼・イタコなどにうけつがれた。

大江匡房《おおえのまさふさ》の『傀儡子《くぐつ》記』によると、クグツは木人（デコ人形）を舞わす操《あやつ》り人形ばかりでなく、散楽や催馬楽《さいばら》と、今様、田歌、神歌、風俗《くにぶり》、呪師《しゅし》なども演ずる芸能者集団だったが、「定れる居なく、当れる家なく、穹廬氈帳《きゅうろせんちょう》（テント）にて、水草を逐《お》うて、以て移徙《いし》す」とあるような放浪芸団だったのである。かれらのほかに唱《しょう》門師《もんじ》や山伏や、千秋万歳や盲人琵琶《びわ》法師によって、日本の津々浦々にばら播《ま》かれた民俗芸能と郷土芸能は、いわば「世捨て文化」の名残りということができるであろう。

五

古代国家が内的矛盾から解体して、あたらしい政治体制を生みだしてゆく平安末期の動乱は、典型的な「世捨て文化」の時代である。この時代の世捨てという行為は、一般に末法思想からくる絶望感のためだと説明されているが、私は頽廃《たいはい》した貴族政治へのレジスタンスであり、乱世への批判でもあったとおもう。

平安中期以降、都鄙《とひ》文化の懸隔は大きくなり、都はいよいよはなやかであるが、農村はますます貧しく、浮浪者があふれ出す。それは三善清行が全人口の三分の二にも達すると指摘した禿首《とくしゅ》であるが、かれらは群盗となり、贋金を鋳たり、安芸守藤原時善を攻囲し、紀伊守橘公廉《きんかど》を劫略するなど、大規模な律令国家への反逆をくりかえしている。そして「国司、法に依て勘糺《かんきゅう》すれば、霧のごとく合し、雲のごとく集り、競て暴逆を為す」というのだから、一種のゲリラ戦を展開していたのである。そしてその指揮者（魁帥《かいすい》）は、「濫悪の僧」で、部下は「私度沙弥」であったから、この時代の革命勢力は世捨ての私度沙弥、すなわち聖の集団だったことがわかる。

しかし明哲の三善清行も、これを官僚・支配者側からの目で暴徒としか見なかったが、かれらが僧形だったことには別の意味があったのである。これも一般に課役いたことをしめしている。すなわちかれらは一方では社寺の勧進活動を請負い、一方では社寺境内とその所領を守護する僧兵の役割をはたした。勧進活動をするときは聖《ひじり》であり、僧兵活動をするときは堂衆とか行人《ぎょうにん》とか、客僧とよばれたのである。

院政期になって、こうした大きな聖集団をかかえこんだのは、高野山がはやかったようにおもわれる。これは正暦《しょうりゃく》五年（九九四）の大火と、その再興にたいする紀伊守大江景理《かげまさ》の押領、それにつづく橘義懐《よしかね》、源惟能《これよし》などの圧迫で、一山滅亡に瀕《ひん》したのを、祈親上人定誉《じょうよ》の勧進活動で復興したときからである。定誉のもとにあつまった私度沙弥は、紀伊国守大江景理にも大いに楯突《たてつ》いたから、三善清行から見れば「濫悪の僧」だったにちがいない。定誉も回国の一山伏客僧だったが、たまたま長谷寺止住のとき観音の霊夢をこうむり、高野山にのぼってこの大事業にとりかかったのである。

のちに高野聖集団となって、天下を風靡《ふうび》する大勧進組織はこのときできたのであって、その勧進帳の「勧進文」を書いたのは仁海《にんがい》僧正だからおもしろい。仁海は関白道長の信任のあつい祈雨の名人で、「雨の僧正」と俗によばれたが、平素から魚と肉がなければ食事をしないという生臭坊主であった。小野（山科の一部）の曼荼《まんだ》羅寺《らじ》（今の随心院）の開祖でもあるが、この曼荼羅は牛の皮に画いた牛皮曼荼羅であるのも、いかにも生臭くて、勧進聖の黒幕らしい。道長がこの仁海のすすめで、治安三年（一〇二三）に高野山参拝をしたのは、この勧進に利用されたものと見てよいだろう。したがって道長はこのとき奥之院大師廟拝殿（のちの燈籠《とうろう》堂）と御廟の橋を再建し、紀州の荘園二所を寄進している。

しかしこの高野山勧進聖集団の黒幕は仁海であっても、表向の頭目は祈親上人定誉で、紀州国司からみれば、「濫悪の僧の魁帥《かいすい》」であった。それは勧進活動のためには、律令体制を無視して、国司郡司に対捍《たいかん》する必要があったからである。またそのためにこそ、道長のような摂関家のバックアップを必要としたのであろう。しかし彼は密教僧ではなくて法華経の行者、すなわち持経者とよばれる山伏であり、高野山では客僧あるいは山籠職《さんろうしょく》にとどまった。そのかわり彼の後継者の行明《ぎょうみょう》は山籠職から検校《けんぎょう》職となって、高野山を掌握していった。そして学侶が伽藍壇上を支配するのにたいして、かれらは奥之院大師廟を支配した。この勧進聖集団がのちにいわゆる高野聖となって、諸国をめぐることになる。

院政期に入って高野聖集団の中心となったのは、小田原聖とよばれた教懐《きょうかい》である。彼は祈親上人定誉の死後三十年をへて、興福寺の小田原別所から高野山へ入った。その勧進の結果、白河上皇や覚法法親王（高野御室）の登山があり、荘園が寄進されている。教懐の集団は頭株が三十人あって合議制で運営されるほどだったから、かなり大集団だったとおもわれる。このような聖集団はそこに身を寄せさえすれば生活できるのだから、脱落者が流入しやすく、庶民信仰をあつめる霊仏霊社が焼亡などで再興勧進をはじめれば、「世捨て人」があつまって大集団になるものであった。

平安末期から鎌倉時代にかけて、こうした勧進聖集団をもったのは高野山をはじめ、善光寺、長谷寺、当麻寺、磯長《しなが》叡福寺、鞍馬寺、東大寺、四天王寺などである。なかでも高野山は仁海、定誉以後の勧進活動ののち、覚鑁《かくばん》（興教大師＝新義真言宗の開祖）の組織化、白河、鳥羽両上皇や覚法、聖恵両法親王の度々の登拝などで、もっとも大きな集団となった。そこに幸か不幸か久安《きゅうあん》五年（一一四九）の雷火で大塔、金堂、灌頂院《かんじょういん》などが焼け、その再興勧進がはじまった。西行の入山はこのときと推定できるように、有名無名の聖があつまったとおもわれる。その上、保元・平治の乱から源平の争乱へと進展するにつれて、敗残者や脱落者がこの聖集団に身をよせるものが多くなってますますふくれあがった。

六

歌聖西行を勧進聖の一人とみるようになったのは、私の『高野聖』（角川選書、昭和五十年刊）以来のことであるが、西行が保延《ほうえん》六年（一一四〇）に出家してからはじめに入った鞍馬の奥は、鞍馬寺の勧進聖のあつまる花背《はなせ》別所であった。そして二年後に法華経の一品経《いっぽんぎょう》勧進のため、左大臣頼長の邸《やしき》にあらわれたことが、『台記』（康治元年〈一一四二〉三月十五日）に記録される。久安三年（一一四七）には覚法法親王とともに高野山にのぼるが、同五年の大焼亡後、久安六年の「崇徳院百首詠草」に高野山から歌をよせるので、このころすでに西行の高野山入りがあったと推定される。それからまもなく、すくなくも仁平《にんぴょう》三年（一一五三）以前に、高野山再興の奉行だった平忠盛の西八条邸で、高野聖たちとともに、夏の月明き夜、池の蛙を詠んでいる。すでに彼の勧進活動がはじまっている証拠である。

その後、西行が高野と京都を往復するのも目的のないことではない。年時不明（おそらく治承《じしょう》元年〈一一七七〉か）の「円位書状」は、彼が高野山の蓮花乗院勧進のため京都へ出ていることをしめし、このとき忠盛のあとをうけて高野山再興の奉行だった清盛に会っている。またそのあいだに奈良の元興寺極楽坊勧進に参加し、今熊野観音寺の勧進もする。最後に治承四年（一一八〇）東大寺炎上後、大勧進聖人重源の依頼をうけて、頼朝や秀衡《ひでひら》にたいする勧進の旅に出たことは周知の通りである。

このように西行の出家は、勧進組織の中に身を投ずることによって、生活を保証され、また風雅の旅を可能にしたということができよう。

しかもすでに行基の徒衆でも見たように、西行も妻子をまったく捨て去ったわけではなく、あるときは長谷寺で、あるときは高野山麓天野《あまの》で、あるときは終焉《しゅうえん》の地、弘川寺（現、大阪府河南町）で妻子と共にあったと信じてよい。

世を捨つる　人はまことに　捨つるかは
　捨てぬ人こそ　捨つるなりけれ　（異本『山家集』）

世の中を　捨てて捨てえぬ　心地して
　都はなれぬ　我が身なりけり　（『山家集』・雑）

捨てたれど　隠れて住まぬ　人になれば
　猶世にあるに　似たるなりけり　（『山家集』・雑）

などは、「世を捨てる」ということが、まったく俗界との絶縁でなく、俗界と絶縁せぬ世捨てこそ、ほんとうの世捨てだという俗聖《ぞくひじり》の思想があらわれている。これもまた行基や景戒の思想から、すこしもかわっていない。

それではそもそも西行の世捨て、すなわち西行の出家とは一体何だったのだろうか。

これもまた貴族社会へのレジスタンスとするのが、もっとも妥当であろう。西行の出家の理由については、もろもろの研究者の臆測《おくそく》が山ほどある。おそらく北面の武士として我儘《わがまま》な貴族に奉仕する身は、今日の管理社会の比ではなかったであろう。

組合もない身分社会では主人への絶対服従があるだけで、自由はまったくない。自由がほしければ、俸禄と与えられた住家をすてて世捨ての道をえらばねばならぬ。しかもその主人は大てい無能で、傲慢《ごうまん》で、懶怠《らんたい》で、好色で、陰謀と権勢欲だけがつよい。西行がはじめ仕えた徳大寺家がそうだというわけでなく、貴族社会が全般にそうなのである。かれらは搾取した農民や漁夫の労苦を知らず、「賤《しず》が伏屋」とか「海士《あま》の苫屋《とまや》」とか詠んで、すましこんでいる。能力のある奉公人なら逃げだしたくなるのがあたりまえで、「世捨て」だけが唯一のレジスタンスだった。

西行が西国修行と称して弘法大師の遺跡をめぐり、讃岐の白峰に崇徳上皇の霊をとむらうのも、貴族社会の陰謀にたおれた犠牲者への哀惜と追悼であろう。西行が宮仕えの苦労を次のように『撰集抄』（巻四）に述懐しているのは信じてよいとおもう。

仙洞忠勤ノ昔ハ、人ニ万《ヨロヅ》マサリテ、露斗《ツユバカリ》モ思オトサレジト侍シカバ、九夏三伏ノアツキニモ、アセ《（汗）》ヲノゴヒテ終日《ヒネモス》ニ庭中ニカシコマルヲ事トシ、玄冬素雪ノ寒ニモ、嵐ヲトモトシテ砂ニ臥テモ、竜顔ノ御イキザシヲ守テ、聊モソムキタテマツラジトフルマヒ侍キ。

とあるのはそれであるが、この宿直にも問籍《もんじゃく》あるいは名《な》対面《だいめん》の勤務評定がある。もちろん貴族の侍《さむらい》とか北面の武士というものは、けっして武家社会の武士ではなくて、ガードマンにすぎないのである。武士ならば功名手柄をたてて立身出世の道はあろうが、ガードマンではその望みもない。

西行の「風雅の道」は、こうした管理社会からの脱出によってはじめて生かされる。貴族の優雅な生活というのは不生産性、非活動性、豊富性、感能性、繊細性によってささえられるもので、生産的で活動的、貧困で鈍感で剛強なのは野卑としてしりぞけられた。その野卑な生活が庶民生活というものであるが、野卑で自然で粗野なものに価値を見いだすのが風雅の道である。広荘な寝殿造りの奥ふかく、衣食住から調度にいたるまで、洗練された人工的な品々にとりまかれた生活には、優雅はあっても風雅はない。西行は優雅な生活のむなしさと虚偽をすてて、自然のなかにとびこみ、野卑で粗野な庶民にまじわることが、風雅の道だったのである。

西行の歌に貴族の歌のような洗練さがなく、粗野な俗語がまじるのは、西行の環境があらわれており、その生々しい人間くささが人の心を打つのである。『西行物語絵巻』に、西行の世捨ての庵《いおり》が人家にかこまれてあり、童部の遊びの喧噪《けんそう》を間近かにきいているところが画かれているのは、真実であろう。

うなゐ児が　すさみに鳴らす　麦笛の
　声におどろく　夏の昼臥《ひるぶし》
昔かな　煎《い》り粉《こ》かけとか　せしことよ
　（『聞書集』）

あこめの袖に　玉欅して　（同）

むかしせし　かくれ遊びに　なりなばや
かたすみもとに　よりふせりつゝ　（同）

我もさぞ　庭のいさごの　土あそび
さて老いたてる　身にこそありけれ　（同）

など、西行の息吹をきくおもいがする。東国への旅で富士の煙を見る歌や、鴫立沢《しぎたつさわ》の歌は自然景のなかをゆく孤独な西行を連想させる名歌といわれるが、むしろ技巧的に作為されたもので、粗野な庶民をふまえた風雅ということはできないであろう。

七

西行の芸術は「世捨て文化」の典型であり、その世捨ては貴族や官僚の管理社会から脱出して、自然界と庶民のなかにとびこむことによって達成された。だから彼の世捨ては孤独になることではなく、隠棲《いんせい》にも遊行にも妻子や友人をともなっていた。吉野の西行庵なども、現状こそ人里はなれた淋《さび》しい一軒家であるが、明治維新の廃仏毀釈《はいぶつきしやく》と修験道《しゆげんどう》禁止までは、むくつけき修験山伏のあつまり住む、喧噪の巷《ちまた》だったところである。

西行の遊行に従来見おとされていたのは、修験的な面がつよいことであるが、その作歌活動も貴族社会に交っておったころの延長とばかりはかんがえられない。山伏というものは実によく歌をよむし、秘歌もすくなくない。神仏に献ずる歌や、神仏と唱和する歌も多い。これは「ちからをもいれずして、あめつちをうごかし、めに見えぬおに神をもあはれとおもわせ」と『古今集』序にのべられた和歌の呪術性を、修験がのこしていたからである。

これは原始宗教における言霊《ことだま》信仰ののこったもので、歌の巧拙は問題ではない。このような伝統を近世にうけついだ山伏に円空《えんくう》がある。高山市外の千光寺の『袈裟山百首』のほか、岐阜県武儀《むぎ》郡洞戸《ほらど》村（現、関市）奥洞戸の高賀《こうが》神社奉納大般若経の裏打紙から発見された千五百余首があるが、これらは歌の巧拙よりは、山伏・遊行者の作歌活動資料として貴重である。円空とおなじ彫刻をのこした遊行者木喰行道《もくじきぎょうどう》にも三百余首の歌集がのこされているが、その数において円空の比ではない。

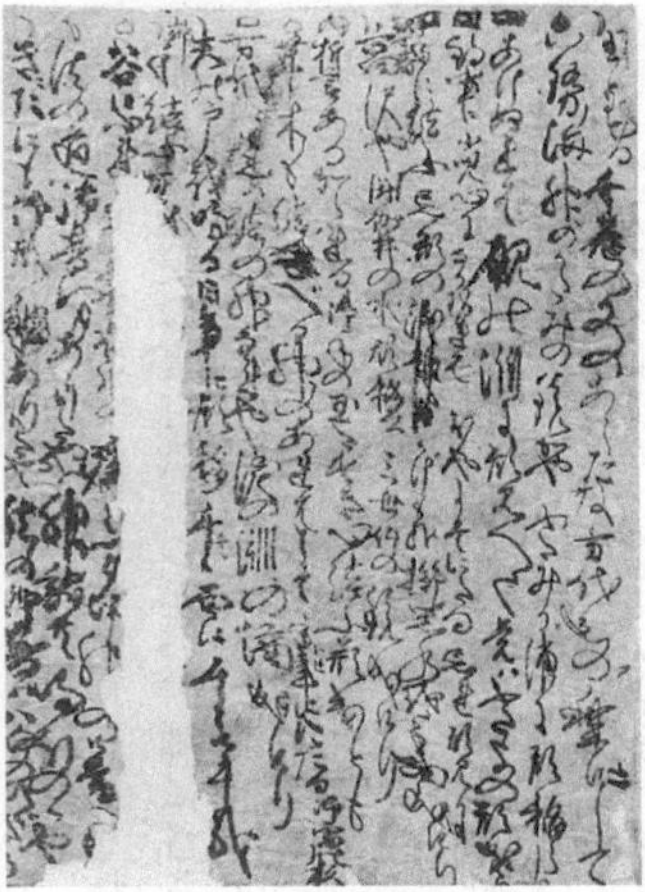
『円空歌集』
（岐阜県関市・高賀神社蔵）

もちろん円空の歌も木喰行道

の歌も類型的なものが多く、判じ物のような当字《あてじ》ばかりだから、人に読ますことを目的に書いたものではないであろう。それゆえ最後には歌集を一枚ずつにばらして大般若経修復の裏打紙につかい、神にささげるとともに、人の目からかくしてしまった。西行の作歌も多分にそのようなものがあり、遊行の足跡のように歌をつくったらしい。

円空や木喰行道の彫刻活動もまたこれに似ている。二人ともその生涯は謎につつまれているが、中世の聖のように特定の社寺の勧進を目的とした世捨てと遊行ではない。円空は近世も初期にあたるので、自分の山伏としての修行とともに、辺境に仏教をつたえる伝道の目的で北海道へわたったものとおもわれる。これは中世末期から近世初期には浄土宗名越派の辺境伝道がさかんにおこなわれたので、これに便乗した観がある。しかし仏の功徳を人々にうけさせるには、仏像をつくりあたえる必要があって、彫刻活動がおこなわれた。これは民衆からの依頼による場合もあったであろうが、円空が各地の人里はなれた洞窟で彫刻するのをみると、みずからの山伏修行とともに、木彫を偶像としてつくるのでなく、和歌における言霊のように、魂ある仏像や神像をつくろうとしたものとおもわれる。

これを宗教学的にはアニミズムというかもしれないが、山伏修験にとって自然界は一木一草といえども、神であり仏であった。また山林洞窟はそのまま大伽藍であった。あまりにも人工的な文明に毒された現代からみて、この偉大な自然主義と神秘主義を、原始宗教とわらってすまされるだろうか。円空の彫刻は本来神や仏である一本の木から、神仏を形にあらわし出す宗教的実践であった。

　木にだにも　御形を移す　ありがたや
　　法の御音は　谷のひびきか

ちはやぶる　峰の深山の　草木にも
　　有あふ杉に　御形移さん

法の道　御音聞《みおとをきけば》　ありがたや
　　神諸共《かみもろともに》　明ぼのの空

深山の洞窟で、丁々と鉈《なた》をふるいながら、東の空が白むまで夜を徹して神仏をつくる澄んだ心境があふれている。このような歌には貴族的なあそびの歌の尺度ではかれぬ、深い感動がある。

円空からみれば、木はそのまま仏や神なのだから、まったく手をくわえなくともよかった。しかし手をくわえるとすれば、最小限度でなければならなかった。木の皮や節も取る必要がなかったのはそのためであるし、円空も木喰行道も、立木そのものを仏像にほったのも、このような思想からであった。

遊行の聖たちは世を捨てることによって、真実の宗教をつかみ、真実の文学や芸術・芸能を創造した。そして真実の人間性を恢復《かいふく》したのである。

Ⅵ――修験道と民俗

山の宗教の魅力

日本列島はどこへ行っても山だらけである。山のほとんど見えない関東平野のまんなかにうまれた私も、冬になると田圃《たんぼ》を吹きぬける木枯《こがらし》の彼方《かなた》に、白銀の日光連山が見えて、神秘感に打たれたものだった。

大人たちは夏には三山詣りといって、白衣も甲斐甲斐《かいがい》しく、羽黒山・月山・湯殿山へ旅立って行った。そのとき一週間こもって精進する行屋《ぎょうや》があったし、海岸では笹竹二本を立てて注連《しめ》をはり、それをくぐって海に入った。そして「懺悔《さんげ》々々六根清浄」の声をはりあげて禊《みそぎ》した。また信心家といわれる人は、筑波山の隣の加波山《かばさん》へ登るのを加波山禅定《ぜんじょう》とよんでいた。このような記憶は日本中どこで生まれた人にもあるであろう。越中平野でも立山へのぼって来なければ一人前といわれなかったし、奈良県下では十五歳になった男子中学生は、先生に引率されてかならず大峰山へのぼってくる。私が大峰山で白衣に鈴を腰につけた若者の一団に会ったとき、どこからですかとたずねたら、尾張《おわり》ですという答えであった。

日本人にとって山登りはスポーツよりも宗教であった。それが男として一人前になるための通過儀礼になる以前は、厳粛な宗教的実践だったのである。すなわち山に登ることは苦行であって、この苦行によって罪や穢《けがれ》を消滅させるのである。口先だけの懺悔《さんげ》でなくて、身をもって懺悔し贖罪《しょくざい》するのが山の宗教であった。しかもこの懺悔贖罪は個人のためというよりは、社会全体または村落共同体に代わってするのであって、これを代受苦《だいじゅく》という。すなわち代参が立って、共同体の安全のために、災の原因になる罪と穢をはらってくるのであった。

現代の仏教はあまりにも理念化し、素朴な祈りや実践を忘れている。しかし、山の宗教家である山伏は野性的な苦行によって、社会全体の代受苦を実践している。ここに修験道《しゅげんどう》のヴァイタリティがあり、原始宗教の強靭《きょうじん》な精神があるといえよう。それはちょうど名もなき無知な庶民のヴァイタリティにも似ており、粗野ではあるが踏まれても蹴《け》られても、くじけぬ庶民の強靭さをそのままあらわしている。日本の山はそのような精神を鍛錬する道場として、その宗教的機能をはたして来たのである。

山の宗教の庶民性は、その信仰内容に庶民信仰のすべての要素を包含しているところにある。代受苦精神もその一つであるが、山を神霊のこもるところとして礼拝するのも、庶民信仰のあらわれである。これは一般に原始宗教の自然崇拝と考えられているけれども、日本人の山岳崇拝は、自然現象としての山そのものを神とするのでなく、その山に鎮《しず》まる霊を神とするのである。

従ってこれは霊魂崇拝の一種ということができる。修験道の山には神をまつる神社と、山にあつまってくる霊をまつる寺院が共存していたのはそのためである。また山中に地獄や浄土や賽《さい》の河原を設定したのも、この霊魂信仰から来たことで、単に神仏習合などといって片付けられない。日本人の心の秘密がここにあらわれているといえよう。

ちかごろ欧米人に修験道研究者がきわめて多いのは、このような日本人の精神構造を、山の宗教を通してあきらかにできることがわかって来たからである。かれらの話ではヨーロッパでは山には妖精《ようせい》が住むということは信じられているが、これを神とすることも、霊魂のあつまる世界、すなわち地獄や浄土とする信仰もないということであった。従って山を征服する近代的登山術が生まれたが、山に登って神と対話し、神秘的な宗教体験をえようという山の宗教は生まれなかったのである。

私の先輩に日光の男体山にのぼって、弥陀《みだ》三尊を雲間に拝したという人がいる。これが平安時代の往生伝か何かだったら、そのようなこともあったろうと簡単に片付けられたであろう。しかしこの先輩は昭和初年に東京大学の工学部を出て間もないエンジニアだったが、彼のこの体験が単なる幻覚でなかった証拠には、彼はすぐ会社をやめて僧侶《そうりょ》になり、根来山《ねごろさん》にこもって修験道の修行をした。これはいわゆるブロッケン現象だったかもしれないが、日本人の民族的遺伝のようなものがあって、山ではしばしばこのような異常な宗教体験がおこるのだとおもわれる。この先輩は戦時中に再度エンジニアにもどり、戦後は新潟大学の教授になったが、定年後の今も往年の体験をうたがっていないのである。

修験道は明治維新とともにきびしい弾圧をうけ、一時廃絶した。明治二十年（一八八七）ごろから修験道復活をはかる山伏がボツボツ出てきたが、そのあいだに堂舎も境内も山林も、神社のものになってしまった。したがって全国の山伏の組織も、十分な宗教活動もできなかった。しかしその後の新興宗教はいずれも修験道の庶民信仰を部分的に継承したものが多い。とくに弥勒《みろく》信仰を生かしたもの、滝や不動の信仰を生かしたもの、龍蛇の信仰、妙見・荒神信仰、鬼・天狗の信仰、光明信仰などに修験道が生きている。日本人の庶民信仰は山の宗教をはなれては成り立たないことがよくわかる。行きづまった現代文化の原始への回帰がさけばれている今日、もう一度山の宗教を想いおこすべき時が来ているようにおもわれる。

修験道と滝の神秘

山伏が山を神聖視するのに何の不思議もないが、山伏だけが秘密に礼拝して、もっとも神聖な場所とするのは、むしろ谷や滝や洞窟《どうくつ》が多い。山伏はこのようなところを秘所といって普段はちかづかないし、おそれかしこむことはなはだしい。熊野なども三山をめぐっても、神社よりも那智の大滝が一番印象にのこる。あの前に立って滝しぶきをあびながら、スローモーション撮影のように水塊がつぎつぎとおちてくるのを見ていると、眼球がしびれて来て岩壁の方が上へ上へとせり上がって行く。こうなると人間はもう滝の魔力のとりこになって、いろいろの幻想さえうかんでくる。修験道の悪魔のような異常な神々は、この幻想からうまれたものだ。

われわれ人間は平素は不遜《ふそん》な存在で、自然を征服できるとおもっている。しかし山へ入って滝のはてしないエネルギーや、谷から見上げる断崖《だんがい》の掩《おお》いかぶさるような量感の前では、自然の前にひれ伏さざるをえない。これはたしかに山頂をきわめて、涼風にふかれる爽快《そうかい》な征服感とは、比較にならぬ神秘感である。この神秘感が神の実在を体認させてくれるし、自我の弱小と神の偉大さを無言で教える修験道の醍醐味《だいごみ》である。

私はそのような神秘感を那智の大滝の滝口から奥へわけ入って、二之滝・三之滝や念仏滝などをたどりながら味わった。それはたしかに次元のちがう世界で、大蛇や龍や不動明王が突然そこに出現しても、何の不自然さも感じさせない雰囲気であった。よく滝に飛龍の滝や龍頭の滝、青龍の滝、あるいは不動の滝や含満《かんまん》（不動明王のこと）の滝があるのは、龍や不動明王の姿を現に見た山伏があったのであろう。

大峯山では奥駈《おくがけ》修行場の一つに、「前鬼の裏行場」というものがある。名にしおう奥駈中でももっとも困難な行場であるが、ここの不動の滝と馬頭の滝と千手の滝はまことに恐ろしく神秘である。西行法師もこの行場では、文学というものの虚構の罪をしみじみ反省させられて、つぎの歌をよんだ。

身につもる　ことばの罪も　洗われて
　　こころ澄みぬる　三重ねの滝

大峯山上ケ岳にも表行場と裏行場がある。表行場は鐘掛岩の鎖のぼりと、「西の覗《のぞ》き」の断崖へ逆さづりされる行場であるが、裏行場のしめくくりは平等岩《びょうどういわ》である。千仞《せんじん》の谷へ瘤《こぶ》のように突出した一つの岩に抱きついたまま一回りしてくるのだが、足がすべったら下は谷底まで何もない岩である。平等岩という名は行道岩《ぎょうどういわ》のなまりで、むかしは一日中この岩をぐるぐるまわる行があったものと、私は推定している。

ところがこの命がけの行は、その下の谷にある阿古谷《あこや》の滝の不動明王を、はるか上から遙拝《ようはい》するため、谷の方へ向いてまわる行道だったといわれる。それでこの行を終わってから唱える山伏の秘歌が、

平等岩　めぐりて見れば　阿古谷《あこだに》の　捨つる命も　不動くりから

というのである。私もはじめてこの岩をまわって下を見たときの慄《ふる》えが、この秘歌をとなえる間もとまらなかったことをおぼえている。しかしそのとき「捨つる命」ということばの意味に気づかなかった。

ちかごろ『古今著聞集』を見て気付いたことだが、ここはほんとうに身を捨てる行場だったのであって、平安時代には捨身谿《しゃしんだに》とよばれていた。山伏はつねに命がけの宗教家だった。必要とあればいつでも人々の苦しみや罪を贖《あがな》うために、人々に代わって命をすて、神の怒りを和らげなければならなかった。この命がけの行を捨身《しゃしん》行《ぎょう》といい、謡曲や狂言などでも修験道は「難行苦行捨身の行」といわれている。現代では考えられないほど、野蛮で残酷な宗教とおもわれるかもしれないが、日本の古代の宗教では罪業というものは、命をもって贖わねばならないほど重いものとされていた。だから「大宝律令」の僧尼令では「焚身《ふんじん》捨身」することを禁じなければならないほど捨身が多かったが、焼身する僧尼はあとをたたず、このように大峯の行場から捨身するものもあったのである。

修験道で特定の谷を秘所とする理由は、このようにして謎《なぞ》がとかれてくる。もっとも『古今著聞集』は大峯の阿古谷に捨身したのは奈良元興寺の童子で、なかなか出世できないために、師匠をうらんでこの谷に捨身し、龍になったという話をのせている。龍はしばしば怨霊《おんりょう》の姿とされるのであるが、山伏は滝の中に龍の姿をかいま見たのであろう。

出羽の羽黒山・月山・湯殿山にももっとも神秘的な谷が二つある。一つは秘所中の秘所といわれる三鈷《さんご》沢の谷で断崖の松の木から「覗《のぞ》きの行」があったというから、かつては捨身もあったのであろう。もうだれも行けないというので私もあきらめたが、もう一つの秘所の谷へ私はこっそり入って見た。これも阿古谷《あこや》の滝があり、羽黒山発祥の伝説をもつ谷である。私がこのほのぐらい谷底に木の根、岩の根をつたわりながら下りて写真をとったとたん、頭上で物すごい轟音《ごうおん》がして、岩や土が降って来た。その瞬間、私の脳裏をかすめた想念は、神の怒りにふれてこの谷に埋められるのではないかということだった。同行のパリ大学のロタムント博士も真っ青になって、私と一緒に崖《がけ》をはい上がった。あとで山伏にきくと、谷の上に新道をつけるブルドーザーの音ではないかということだった。しかしこの偶然をその時はロタムント博士も私も、どうしても信じられなかった。

それで三年ほど経って羽黒山をおとずれたとき、阿古屋の上の新道はできたでしょうかときいて見たら、神主さんはそんなものはありませんよという答であった。私は未だにこの怪音は半信半疑である。

椿の調べ

一

羽黒山の秋の入峰修行はもと七十五日だったのを、ちかごろでは八月二十四日から七日間に短縮しておこなわれている。山伏行の伝統がほとんどほろび去った現在、たった七日間でも残っているということは貴重な資料であるし、ほんとうの信仰からこの行に参加する修行者もあって、日本人の生きた自然宗教をここに見ることができるのはありがたい。

この入峰修行はもと羽黒山の奥之院だった荒沢寺《こうたくじ》（山形県鶴岡市）にこもって修行するのであるが、明治維新までは一の宿修行を出羽神社にちかい吹越《ふきごし》の峰中堂《ぶちゆう》で、二の宿修行を荒沢寺で、三の宿修行を月山山麓の大満《だいまん》虚空蔵堂でおこなった。いま三日目までの床堅《とこがため》（即身成仏の行）と断食行（餓鬼道の行）と水断行（畜生道の行）が終ると、二の宿移りの行事がある。すなわち荒沢寺を出て一旦吹越峰中堂の近くまでもどり、山伏行列をととのえてこの宿入りの荒沢寺へ向ってもどってゆく。こ

「違い垣」の作法

のとき「違い垣」の作法ということがあって、一メートルぐらいの藁束《わらたば》に椿《つばき》の枝を挿した形ばかりの生垣を、道を横切って互い違いに三本横たえておく。行列は違い垣の手前で「松明《たいまつ》打ち」の作法をしてから、この垣の間をジグザグに通りぬけて進んでゆく。老杉のそびえた古代さながらの修行路でおこなわれるこの行事は、まことに神秘的で夢幻的でさえある。

　これは一つには密林を踏み分けて抖擻《とそう》行をするこころをあらわしたものかともおもうが、同時にこの違い垣で穢《けが》れや悪霊をふせぎとめる意味があったのであろう。大杉並木の下で、藁に插した椿の枝はすがすがしくも清らかで、いかにも風流である。茶室の露地もまさしくこれとおなじで、そこを通るとき心身をきよめるのが、風流の心であった。これを見て私はむくつけき山伏も、なかなか味なことをやるものだとおもった。しかしよくかんがえて見ると、茶もいけ花もこうした自然主義と自然宗教にささえられた「風流の美学」だったのである。

二

羽黒山伏の風流でもう一つ私が一本参ったのは「椿の調べ」である。峰中修行には日中・初夜・後夜の三時勤行《ごんぎょう》があって、後夜勤行は深夜一時か二時になる。一、二時間まどろむと先達山伏が「床上げー、床上げーー」、とふれてまわるのはうらめしいが、新客一同は大あわてで兜巾《ときん》、篠懸《すずかけ》、結袈裟《ゆいげさ》をつけて、道場にすわる。シワブキ一つきこえない深山の夜更けは神秘感と睡気で頭の中がジーンとしびれるようである。このときの勤行に法華懺法《ほっけせんぼう》がおこなわれるが、その読経の伴奏が「椿の調べ」である。

まず三人の承仕《じょうじ》が火鉢を三つ堂内にもちこんでおき、読経の合間合間に椿の生枝をくべるのである。するとパチパチとはぜる音がして、これが低音の読経の伴奏としてまことに効果的である。法華懺法のリズミカルな調子と「椿の調べ」の自然音を、深夜の静寂のなかできいていると、さながら太古の原始林のなかに身をおいている気分になる。これにくらべると磬《けい》や鏨《きん》や鐃鉢《にょうはち》を打つ普通の勤行は、いかにも人

「床散杖」の組板ほか

間臭くて俗悪である。誰がかんがえたのか知らないが、山伏が楽器を携行できない時代に、伴奏とともに悪魔がちかづかない呪術としてこれがおこなわれたのであろう。峰中の勤行にはそのほか「床散杖《とこさんじよう》」という伴奏がある。厚い組板《まないた》の上に二本の長箸《ながばし》を、垂直に交互に落す音で、「本覚讃《ほんがくさん》」や「弥陀讃《みださん》」のリズムをきざむのである。人工の加わらない、ありあわせのものをつかうところに、自然宗教としての修験道の美学があるといえよう。

山伏の峰中修行はいまは常設の建物のなかでおこなわれるが、もとは密林の樹下右上か、椿の枝などで葺《ふ》いた仮屋《かりや》に籠《こも》ったものとおもわれる。「違い垣」と「椿の調べ」はそのような峰中修行を想像させるに十分である。それは日本人の固有宗教が、いかに自然を大切にしたかをしめすものといえる。日本人の美意識もこのような自然宗教の伝統の上に成り立ったもので、あるがままの山川草木、花鳥風月を「あはれ」と観じたのである。したがって僧正遍照が、

折りつれば　たぶさにけがる　立てながら
　三世のほとけに　花たてまつる

と詠んだように、人の手の加わらぬ自然のままの花を、清らかで美しいものと讃嘆する。またかりに手折って花を生けるにも、自然のままを再現しようとつとめた。いけばなの伝統がこのような自然主義の美学から出発したのは、仏寺で供花をつかさどった花衆《げしゅう》（夏衆《げしゅう》）や承仕《じょうじ》や花摘《はなつみ》道心が、もともと行人《ぎょうにん》として、自然宗教を実践する修験の徒だったことと無縁ではあるまい。

しかし自然を再現するいけばなの伝統は、しばしばマンネリ化して月並になる。和歌が歌枕の名所旧蹟をよむことによって、マンネリ化するとおなじである。そこにあたらしい感覚によって伝統をやぶろうとする、現代花道の主張と試みが生れるのであろう。しかしいけばなの素材が、自然にはぐくまれて開花し、自然の生命力で繁茂する植物である以上、自然宗教からの伝統をまったく否定することはできないであろう。

鬼と天狗

一

日本にはキリスト教国のような邪悪で残虐な、芯《しん》からの悪魔というものは存在しなかったようである。したがって民話の世界で天邪鬼《あまんじやく》があったり、神話に泉津醜女《よもつしこめ》があったりするが、これを芸術に表現するということもなかった。日本人がもっとも愛好した悪魔的存在は鬼であるけれども、これもあんがい間がぬけており、愛嬌があって、ときとすると意外に善人だったりする。しょせん、日本人はエホヴァのような絶対的な神をもたなかったとおなじく、絶対的な悪魔を表象することができなかったのである。それどころか神でさえも、いくぶん悪魔的で人間をくるしめることがある。日本人にはどうも神と悪魔のあいだに、はっきりした境界線を引くことのできぬ不徹底さがあり、そこに日本文化の冷徹な理知性の欠如を指摘できるとともに、曖昧模糊《あいまいもこ》たる情緒性の源泉を見ることができるようにおもわれる。

ところで日本の鬼が悪魔性を発揮するのは、なんといっても仏教唱導の世界である。唱導の聖たちは、日本人に罪業のむくいとしての地獄のおそろしさを知らせるために、鬼を牛頭《ごず》・馬頭《めず》などという獄卒鬼に仕立てあげた。平安時代の多くの説話にそのような鬼がかたられ、これをすぐれた造形として表現した『地獄草紙』では、亡者に熱鉄を抱かせたり、亡者を唐臼に入れて挽肉のように挽いたり、人間の皮膚を丸ごと剝《は》いだり、俎板《まないた》にのせて刺身のように料理して、はては吸物にして食べてしまう残酷な鬼としてえがかれている。まことに醜悪でいやらしい鬼であるが、仏教ではこれも人々に浄土をあこがれさせるための方便であって、本地は地蔵菩薩《ぼさつ》である閻魔《えんま》大王の従者とされる。すなわち大慈大悲の地蔵尊と、なれ合いの悪魔だということになる。この閻魔というのも、文字は魔であるが、これはヤーマ(yāma)の音写で悪魔の魔ではない。

仏教の鬼のもう一つの姿が餓鬼で、死後の供養をうけられぬ亡者が悪魔的存在となって、墓地や巷《ちまた》や宴席や産室をさまようのである。しかし『餓鬼草紙』に見るこの飢えたる悪魔のなんとみすぼらしいことだろう。骨と皮だけの手足のくせに、腹だけは餓鬼腹といわれるように脹満している。栄養不良型で食物と水をあさるのだが、口に入れようとすれば炎となってもえてしまう。しかたがないので火葬場の熱灰土《かいと》や人骨をひろってたべたり、小便横町に散乱した野糞《のぐそ》をたべる。いわゆる食熱《じきねつ》灰土餓鬼・疾行餓鬼・食糞《じきふん》餓鬼である。仏教説話ではそのほか疫鬼という悪魔があって、『融通念仏縁起絵巻』にえがかれ、百鬼夜行ともいえる異形の怪物の群行であらわされている。しかしこれもこけ威しの示威運動といった風で、日本の悪魔は一人では実力が発揮できなかったのである。

二

日本の悪魔のもう一つの型は天狗《てんぐ》であるが、『天狗草紙』では悪魔というよりも世をすねた批評家であって、邪悪さはない。天狗は日本の固有信仰では山に住む精霊、あるいは山の神で、怠惰なるものをいましめ、豊作を予祝するために、その怪異な姿をあらわすものとされている。これが山の宗教者である山伏修験の徒とイメージがかさなって、鞍馬天狗（大僧正）や愛宕の太郎坊をはじめ、彦山の豊前《ぶぜん》坊、大山《だいせん》の伯耆《ほうき》坊、富士の太郎坊、比良の次郎坊、飯綱《いづな》の三郎坊、秋葉の三尺坊などの天狗界の名士になった。

このような天狗は時に悪人をおびやかすことはあっても、善人に危害をくわえるような悪魔的性格はない。ところがこれが仏教に敵対するものとなったとき、悪魔的存在となる。謡曲では「善界《ぜがい》」とか「第六天」「葛城天狗」などはこれにあたるが、善界坊という大唐の天狗の首領は、神国日本に繁盛する仏法をさまたげる目的で、まず愛宕山におし渡って来る。そして我こそは学者だなどと慢心の輩《やから》を、この天狗は魔道に誘引するのである。彼はまずその目標を比叡山にさだめて、天台宗学に慢心の天狗共を味方にひきいれて、日本仏教をほろぼしてしまおうとするところが、まことに寓意的である。仏教をほろぼすものは仏教学者であり、それは仏敵善界坊の片棒かつぐ小悪魔だというのだからきびしい。

しかし鬼の場合とおなじく、日本の悪魔はセンチメンタルで気が小さい。

〽輪廻《りんね》の道を去りやらで、魔境に沈むその歎。

とわが運命をなげき、

〽三悪道《さんなくどう》を出でながら、なおも鬼畜の身を借りて、いとど仏敵法敵となれる悲しさよ。いま此事を歎かずば、未来永々《えいえい》を経るとても、いつか般若《はんにゃ》の智水を得て、火生三昧《かしようざんまい》の焔をのがれ果つべき。

と、ぼやくにいたってその悪魔性はまったくぼけてしまう。そこに悪魔のもっともおそれる不動明王と矜羯羅《こんがら》・制多迦《せいたか》・十二天があらわれ、

〽本より魔仏一如《まぶついちによ》にして、凡聖不二《ぼんしようふに》なり。自性《じしよう》清浄、天然動きなき、これを不動と名づけたり。

と、ありがたい仰せがあるので、大天使ガブリエルに出会ったメフィストのように、ふるえあがってしまう。もちろんこの仏教の論理は、仏敵を降伏させるのでなくて、悪魔よ、お前も仏も一如なのだといって包容してしまうのである。結局、日本の悪

魔は日本的情緒性と仏教的包容性のために、未成熟のまま、さまよいつづけているということができよう。

花と鬼

一

鬼と花はまことに奇妙な取合せである。しかしよくかんがえてみると、日本の民俗と芸能の根源にある宗教観念が、この両者の取合せであきらかになる。

まず鬼と花を取り合せた芸能に三河の花祭があることは誰でも知っている。花祭は鬼祭という方がよいくらいに鬼が主役である。なかでも山見鬼と榊鬼と朝鬼が役鬼とよばれ、とくに榊鬼の反閇《へんばい》がもっとも神聖なものとされる。大入《おおにゅう》系花祭の榊鬼は榊の枝を持ったり、腰に挿して出るが、「さかき」一般はもともと花枝などとよばれる常磐木の枝で、花祭の舞戸《まいど》に「山立て」をするとき、

さかきとる　おぼろの山が遠ければ
此処に山立て　さかき花立て

などの「うたぐら」にもあらわされている。すなわち榊鬼は祖霊をあらわす鬼が、みずからの魂の依代《よりしろ》としての花枝を里人に頒《わか》ちあたえて、祝福の神態《かみわざ》を演ずるもの

花祭の榊鬼（愛知県東栄町）

である。ここでは「鬼と花」は祖霊とその依代として一体化される。

花祭の花のもう一つの形は「花の御串《みぐし》」とよばれる御幣で、もとは稲の穂をつけて杖《つえ》につきながら「花育て祭文」をとなえて行道《ぎょうどう》した。したがってこれは穀霊の依代としての花で、山人の山杖にあたるであろう。神楽歌に、

逢坂を　今朝越えくれば　山人の
　我に呉れたる　山杖ぞこれ

とあるように、鬼に扮した山人が、里人にもたらす祝福の花としての意味をもつものである。

二

第二の「鬼と花」の取り合せは鎮花祭である。鎮花祭はいうまでもなく疫神鎮送の祭儀であるが、これを文献的にも民俗的にもよくのこしたのは、京都今宮神社の「やすらい花」である。この祭は正暦五年（九九四）に、すでに紫野御霊会《ごりょうえ》とよばれて、疫神を鎮祭したことがあきらかで、花を鎮める祭ではない。ところがこれが泰山府君祭《たいざんふくんさい》などと混同されて、花が散らないようにと「花よ鎮まれ」と歌い踊る祭と一部では解されている。しかし私は飛散浮遊して疫病をはやらす疫神、すなわち御霊を花に鎮めとどめる祭とかんがえている。したがって「やすらい花や」の歌は「疫神の鎮まりとどまる花よ」と、花を讃嘆する囃詞《はやしことば》でなければならない。この花はいうまでもなく踊りの中心に立てられた風流花傘《ふりゅうはながさ》の花である。

これに対して『梁塵秘抄口伝集』では、このとき鬼の形をした「悪気」（悪鬼）というものを、胸に羯鼓《かっこ》をつけた数十人の童子が、踊りながら今宮社（紫野社）に追い込んだとある。これは目に見えぬ疫神を鬼で表現して、これを今宮社に追い込み鎮めるという疫神鎮送の野外ページェントを仕組んで、鎮花祭を演劇化したのである。

この場合注意しなければならないことは、花祭の花に依り憑《つ》いた鬼（祖霊）は恩寵的な鬼であるのに対して、「やすらい花」に憑いた鬼（祖霊）は、荒れすさぶ祟《たた》りやすい御霊《ごりよう》的祖霊である。そのために今宮社に追い込んで封じ鎮めたり、古くは難波の海まで鎮め送られねばならなかったのである。

三

以上二つの「鬼と花」を取り合せた宗教儀礼と芸能は、神事としてあつかわれているけれども、きわめて仏教的色彩が濃厚である。花祭に修験道の呪文や印がもちいられ、梵字《ぼんじ》や五色幣などが、「法印花《ほういんばな》」の名のごとく山伏の伝承だったことはうたがいがない。「やすらい花」も今様化した田歌に、念仏の訛《なま》った「なまへ」の囃《はやし》詞《ことば》がくりかえしとなえられ、これが田楽と結合した大念仏風流の踊念仏であったこともうたがう余地がない。そうとすればこの「鬼と花」はどこで仏教とかかわりをもつようになったのであろうか。

仏教が日本に入ってから庶民宗教化し、在来の神と霊の祭に習合するには、あまり時間はかからなかった。奈良時代には国家宗教としても、日本固有の祭儀を仏教のなかにとり入れている。そのもっとも顕著な例が修正会《しゆしようえ》と修二会《しゆにえ》で、日本の正月行事を仏教法会化し、模倣呪術による豊作祈願と、鎮魂呪術による除災祈願を僧侶がおこなったのである。

この法会では、模倣呪術として各種の造花をかざり、その花のごとく豊かな穣り《みのり》がもたらされるように祈願する。造花は削り花や、紙と布の作り花や、餅花（花餅）や常磐木の花で、いずれも祖霊の依代としてまつられる。これに対して呪師による鎮魂呪術が結界《けっかい》作法の名でおこなわれるが、これは反閇や密教によって悪霊疫神を鎮めたり、攘却したりする。すなわち祖霊の恩寵によって豊作をもたらそうとするとともに、結界と鎮魂によって豊作の邪魔をする悪霊を追いはらうのである。

この鎮魂呪術を一そう効果的にするために各種の仮面がもちいられ、なかでも鬼の仮面をつけた鬼走りが一般化した。これが薬師寺花会式や長谷寺の唯押《だだおし》や滝山寺鬼祭の鬼踊りとなった。

以上、「鬼と花」は日本固有の霊魂観念から出発して、仏教行事にとり入れられ、現在の芸能や民俗にうけつがれたものということができる。

『花祭』に見る鬼と花

一

花祭とはまた美しい名の祭りである。

昭和の初年に、三河生れの早川孝太郎氏がこの祭を紹介してから、有名無名の民俗学や芸能史の研究者が、ぞろぞろと奥三河の山村をおとずれたが、その一部はこの美しい祭の名称にひかれたものらしい。

そのころ奥三河の北設楽郡内に二十余個所あった花祭も、ちかごろは十個所前後になり、それも古い祭日をまもらずに、正月三か日にすべてすませてしまうという有様である。かつて「花熱狂者《はな》」とよばれて一月四日から十六日まで、山と雪のほかは何もないような集落の「花」から「花」へとあこがれあるいた人々もめっきりすくなくなった。

これというのも昭和初年から太平洋戦争までの「オールド花熱狂者」は、鬼籍に入ったか、あるいは頽齢《たいれい》もはや舞戸《まいど》(=舞所)の竈《かまど》の煙と、徹夜と空腹の苦行にたえられなくなったからであろう。私などは戦後の「花熱狂者」にすぎないけれども、それでも零下十三度という屋外の見所で徹夜したこともあるし、徹夜の翌日はまた次の集落の「花」で徹夜して、三晩四日頑張った記憶がある。そのころは今の観光とか文化財という意識はなくて、村人の花祭によせる情熱と誇りが、私どもを鼓舞したようにおもう。

ともあれ、三河の花祭を変質させたのはやはり時代である。古い伝承者が減ったことと、はげしい舞の主役をなす若者が都会へ出てしまって、「花」もまた過疎化した。そこで正月三か日の帰省をとらえて若者を駆り出し、ようやくこの祭を維持しているのである。

二

花祭という名にひかれてこれを見に行った人々は、まず鬼の舞うダイナミックな神秘感にとらえられ、「花」は見ずにかえってしまう。その意味ではこの祭は、鬼祭とでもいった方がよいかもしれない。いうまでもなくこの祭は、もとは「花神楽」とよばれたのであって、花は常磐木《ときわぎ》の杖《つえ》や、これにつけたケズリカケや造花だったかとおもう。現在舞戸の四方の柱に立てる榊《さかき》と笹とこれに下げる種々の紙垂《かみしで》はその名残りであろう。

ところが今は人々が祈願を托してあげる御幣の方が「花」とよばれるようになった。このような変化は祭の性格や意識をも変えてしまったのであって、花祭の鬼も例外ではありえない。戦前の研究者の花祭の鬼に対する評価は、一つは早川孝太郎氏の『花祭』の序にのべた柳田国男氏のひかえ目な解釈であり、もう一つは『民俗芸術』誌にのせた折口信夫氏の「山の霜月舞」の解釈である。

すべて民俗現象の解釈は、現状に対する解釈と、その一時代前の姿を想定した解釈と、その起源にまでさかのぼった解釈とで大きな相違ができる。柳田氏の場合はこれを伎楽の変化と見て、これを伝播《でんぱ》した山伏のような遊行者が、おそらく熊野からもたらしたのではないかと見ている。これに対して折口氏は遊行者が定住した山の神人団体が、山人として里人を祝福に下りて来る豊作予祝祈願の芸能とする。すなわち鬼はその山人の姿だというのである。

三

山人の来訪とその祝福という花祭の解釈は、たしかに折口氏らしい美しい幻想である。しかしその山人がなぜ鬼の舞――とくにその呪術的足踏としての反閇《へんばい》――を舞うかという歴史的必然をあきらかにしないと、この解釈は幻想に終ってしまう。そこで鬼の仮面をつけて舞を舞う芸能を文献的に見ると、『中右記』の大治五年

（一一三〇）正月十四日の円宗寺修正会《しゅしょうえ》の結願に「鬼走り」があり、その後『長秋記』や『兵範記』や『玉葉』などの修正会の記事から、呪師《じゅし》という芸能者が鬼の仮面をかむって舞をしたことがわかる。

このことから山の神人団体はこの呪師の芸をつたえたものか、あるいは呪師が遊行して山人になったかのいずれかとしなければならない。呪師はやがて呪師（のろんじ）として遊行の芸能者となったものがあるが、諸大寺の修正会または修二会《しゅにえ》に、悪魔をはらう結界《けっかい》の呪術をつとめた呪師は、山岳修行をする山伏であった。したがってこの山伏が、諸大寺の扶持《ふち》をはなれて山中に神人団体をつくると、そこにも鬼面をつけて呪的足踏をしながら、悪魔払いの舞をする芸能をもちこむことになる。

ここで呪師の鬼の舞（鬼走りまたは鬼の手）をおこなうのが、本来は修正会か修二会だということをおもいおこす必要がある。すなわちこの日本の正月行事を仏教化した法会では、花枝とか花柴という常磐木や、餅花や造花、あるいはケズリカケを必須の荘厳《しょうごん》（装飾）とし、これを「花の荘厳」というのである。三河の花祭では「花の唱言《しょうごん》」などとなまっているが、花祭における花と鬼の関係は、仏教年中行事の修正会と修二会にその起源を見出すべきであろう。そしてこれを今もそのまま東大寺二月堂修二会（お水取り）や、薬師寺金堂修二会（花会式）にのこしているのである。

花祭はたしかに現状においては村落の民俗行事であり、正月の神事である。しかしこれを神道的解釈で理解しようとしては、どうしても行きづまってしまう。したがってこれを仏教行事、あるいは修験道行事として再検討する時期が来ているし、それは戦後に国家神道から解放されたすべての民俗芸能研究の、あたらしい視点となるであろう。

解説

上別府　茂

五来が〝民俗学〟という学問領域と出会ったのは意外と遅かった。それは昭和十二年（一九三七）、二十九歳の京都帝国大学文学部史学科在学中のときであった。はじめ東京帝国大学文学部印度哲学科で高楠順次郎《たかくすじゅんじろう》、木村泰賢《きむらたいけん》、紀平正美《きひらただよし》、宇井《うい》伯壽《はくじゅ》など気鋭の仏教学者に学んだ。卒業論文は「中論における否定の論理」と題して、中論の思想分析にヘーゲルとブハーリンの弁証法をつかったものであった。昭和八年（一九三三）、二十五歳で高野山大学に助手として赴き、翌年東京帝大大学院に進む。しかし、この頃大学で研究している仏教と現実に垣間《かいま》見る日本仏教は異質なものではないかと薄々疑問を感じるようになっていた。それは高野山へは弘法《こうぼう》大師《だいし》空海《くうかい》の霊力を受ける善男善女が参詣し、民衆が持ち伝えた生きた仏教信仰があったことを実際に目の当たりにしていた。そして学問の世界では俗信として避け、ややもすれば見下しがちであった善男善女の信仰を、日本人の精神生活の面からとらえ直してみたいとおもうようになった。すなわち、庶民側の日本仏教史（宗派・

教団仏教史でない日本庶民仏教史）をどのようにとらえたらいいのかということに至る。昭和十一年、二十八歳で日本文化史学を学ぶ必要を感じて京都遊学を決め、京都帝大の西田直二郎《にしだなおじろう》教授（一八八六―一九六四）の門をたたいた。

ここではじめて民俗学という学問を知ることとなった。当時、京都帝大史学科国史学講座の西田は日本民俗学の創始者・柳田国男《やなぎたくにお》（一八七五―一九六二）との親交があり、時の官立（国立）大学では珍しいことであったが、柳田を招請して特別講義「民間信仰について」をはじめ、民俗学関係の講演、集中講義を何回か行っていた。昭和十二年二月十九日、当時専任講師であった柴田實《しばたみのる》（一九〇六―一九七、民俗学、石門心学者・柴田鳩翁《きゆうおう》の曾孫《ひまご》、京都大学教授）の勧めで、柳田の「盆と行器《ほかい》」という講演を何気なく聴くことになった。この講演がのち五来をして「民俗学の虜《とりこ》になった」「私にとってはコペルニクス的転回ともいえるほどのおどろきであった」と言わしめた。本書に掲載されている五来の「「盆と行器」以後」という柳田国男追悼論文（『近畿民俗』第三一・三二合併号、近畿民俗学会、一九六二年）に詳しい。講演の内容は「われわれが常識的に外来の仏教行事や仏教用語とおもっていたものが、実はそれとは何の関係もない民族固有のものであったこと」を明らかにした話であったという。したがって、新しい日本仏教史を研究するために京都遊学した五来は、西田文化史学のほかに柳田民俗学という研究方法があることを知った。また偶然にも、のち柳田を岳父とすることになる堀一郎（一九一〇―七四、宗教民俗学、東京大学教授）が大学時代の同窓だったことから、しばしば二人で柳田邸を訪ねて翁から多岐にわたり指導を乞うたといわれる。

第二次大戦が終わるまでは奥高野をはじめとする全国各地を、リュックを担いで黙々とやたらに歩き、殊に終戦前後の旅行は食料持参で困難をきわめたが、「物に憑かれたように歩いた」（同書）。この間、五来は「弘法大師伝説の精神史的意義上」（『密教研究』七八、密教研究会、一九四一年）という論文を発表、〝仏教民俗〟を冠したものは高野山大学で「日本仏教民俗史」（一九五一年）という題名で開講し、その講義ノートが近年発見された（未公刊）。そして昭和二十七年（一九五二）に五来は高野山大学歴史研究会を主宰して、『仏教民俗』という名の研究紀要を創刊。その第一号に掲載された五来論文は、「仏教と民俗学」と題して異形《いぎょう》トーバを民俗学的に考察し、第二号は「仏教儀礼の民俗性（上）―とくに修正会と修二会について―」と題して両会の日本的展開を論じた。両論文とも仏教民俗構想早々の見解を述べながら、具体的な作業例として従来にない新しい見解を発表して現在でも有力な学説となっている。その後、仏教民俗の概念を公に示したのは『日本民俗学大系』第八巻（平凡社、一九五九年）に発表した「仏教と民俗」であった。
では五来が創始し半世紀かけて追求し続けた日本仏教民俗学（晩年は日本宗教民

俗学）はどのような学問であったのであろうか。そのキーワードは文化変容、（acculturation）である。すなわち、外来の仏教が日本の基層文化と接触して文化変容して展開する足跡を研究する学問であった。インドの経典や中国の儀軌《ぎき》にもないような仏教的民俗資料を蒐集《しゅうしゅう》して、庶民の仏教信仰の内容と特色、仏教的社会（講）の構造、庶民の仏教受容の方式、受容された仏教の変容などを研究する学問を「日本仏教民俗学」と名付けた。その研究対象の領域を、㈠仏教年中行事、㈡法会（祈禱《きとう》と供養）、㈢葬送習俗、㈣仏教講、㈤仏教芸能、㈥仏教伝承、㈦仏教俗信とし、後年には㈧修験道を加えた。学位論文（文学博士論文）を取得したのは昭和三十七年（一九六二）で、「日本仏教民俗学論攷《ろんこう》」と題して念仏芸能をその研究作業例として出しているが、これが構想した五来仏教民俗学の最終的な概念を規定する論文となった。その結論によれば、

ただわたくしは本論文をもって、日本仏教民俗学の学問領域の存在とその方法を提示し、人類文化と民族文化の研究にあたり、このような基層文化からあきらかにする道を民俗学がひらいた以上、これを日本仏教文化の研究の上に適用することは当然であると主張するのである。その結果、従来の教理的研究や哲学的研究や歴史的研究で究明されなかった日本仏教の文化現象が解明されれば、仏教学全体の前進にも役立つであろうとおもう。

と述べ、「日本仏教民俗学の提唱はまた、わたくしの歴史観からでたものである」と結んだ。

（帝塚山大学大学院非常勤講師、日本宗教民俗学）

出典一覧

仏教が現代に生きるには　『朝日新聞』昭和46・5月15日付、朝日新聞社
歩く旅こそ旅の根源　『日本と世界の旅』一九六、山と渓谷社、昭和47年
旅で取り戻す人間性　『読売新聞』昭和46・3月28日付、読売新聞社
迷信と俗信　『東京本願寺報』一一二、昭和45・10・5日付、東京本願寺
日本の聖火　『京都新聞』昭和45年11月30日付、京都新聞社
平安時代の仏教大学とその紛争　『伝統と現代』二―五、伝統と現代社、昭和44年
正月のオコナイ　『高野山時報』昭和28年1月1日付、高野山時報社
裸踊り　『旅』五四八、日本交通公社、昭和48年
節分の鬼と豆　『中日新聞』(夕刊)昭和44年1月30日付、中日新聞社
薬師寺の花会式　昭和42年付、掲載新聞未詳
盆踊りと越中チョンガレ節　『北日本新聞』昭和46年8月18日付、北日本新聞社
「盆と行器」以後　『近畿民俗』三一、三二合併号、近畿民俗学会、昭和37年
盆と伝統芸能(原題、祖先崇拝の強い信念)　『淡交』二三―二、淡交社、昭和44年
仏檀と位牌　『東京本願寺報』一二七―一三四、昭和47年1月5日―8月10日付、東京

本願寺
日本人と死後の世界及び恐山（原題、みちのくの神秘・恐山―その歴史と円空仏―（一））『恐山展』図録、昭和47年2月、京都新聞社
墓と人形　『尋源』二七、大谷大学国史学会、昭和41年
多賀大社と烏　『多賀』八、多賀大社、昭和45年
祖先供養と日本仏教　『浅草寺』一七九、浅草寺、昭和45年
奈良の庶民信仰　『国文学・解釈と鑑賞』三〇―五、至文堂、昭和40年
馬頭観音　『聖愛』八六、高野山出版社、昭和29年
絵馬　『聖愛』八七、高野山出版社、昭和29年
遊行の宗教（原題、遊行宗教家）『国文学・解釈と鑑賞』三三―九、至文堂、昭和42年
遍路と巡礼と遊行聖（原題、信仰＝遍路・巡礼・遊行聖）『伝統と現代』二―三、伝統と現代社、昭和44年
西行と高野　『日本絵巻物全集』一一、角川書店、昭和33年
世捨てと遊行（原題、遊行の聖たち）『伝統と現代』三―四、伝統と現代社、昭和47年
山の宗教の魅力　『中日新聞』（夕刊）昭和46年4月11日付、中日新聞社
修験道と滝の神秘　『読売新聞』昭和47年8月6日付、読売新聞社
椿の調べ　『図説いけばな大系』月報三、角川書店、昭和46年

鬼と天狗　『芸術新潮』二三六、新潮社、昭和46年
花と鬼　『東海民俗研究会講演要旨』東海民俗研究会、昭和45年
『花祭』に見る鬼と花　『日本読書新聞』昭和46年12月6日付、日本出版協会

本書は昭和五十一年（一九七六）三月、小社より刊行された角川選書『仏教と民俗　仏教民俗学入門』を文庫化したものです。なお、掲載図版を改めました。

（編集部）

仏教《ぶつきよう》と民俗《みんぞく》

仏教民俗学入門《ぶつきようみんぞくがくにゆうもん》

五来《ごらい》 重《しげる》

平成22年 6月25日 初版発行
令和7年 2月10日 14版発行

発行者●山下直久

発行●株式会社KADOKAWA
〒102-8177 東京都千代田区富士見2-13-3
電話 0570-002-301(ナビダイヤル)

角川文庫 16334

印刷所●株式会社KADOKAWA
製本所●株式会社KADOKAWA

表紙画●和田三造

◎本書の無断複製（コピー、スキャン、デジタル化等）並びに無断複製物の譲渡および配信は、著作権法上での例外を除き禁じられています。また、本書を代行業者等の第三者に依頼して複製する行為は、たとえ個人や家庭内での利用であっても一切認められておりません。
◎定価はカバーに表示してあります。

●お問い合わせ
https://www.kadokawa.co.jp/ (「お問い合わせ」へお進みください)
※内容によっては、お答えできない場合があります。
※サポートは日本国内のみとさせていただきます。
※Japanese text only

©Shigeru Gorai 1976 Printed in Japan
ISBN978-4-04-408506-3 C0115

角川文庫発刊に際して

角川源義

第二次世界大戦の敗北は、軍事力の敗北であった以上に、私たちの若い文化力の敗退であった。私たちの文化が戦争に対して如何に無力であり、単なるあだ花に過ぎなかったかを、私たちは身を以て体験し痛感した。西洋近代文化の摂取にとって、明治以後八十年の歳月は決して短かすぎたとは言えない。にもかかわらず、近代文化の伝統を確立し、自由な批判と柔軟な良識に富む文化層として自らを形成することに私たちは失敗して来た。そしてこれは、各層への文化の普及滲透を任務とする出版人の責任でもあった。

一九四五年以来、私たちは再び振出しに戻り、第一歩から踏み出すことを余儀なくされた。これは大きな不幸ではあるが、反面、これまでの混沌・未熟・歪曲の中にあった我が国の文化に秩序と確たる基礎を齎らすためには絶好の機会でもある。角川書店は、このような祖国の文化的危機にあたり、微力をも顧みず再建の礎石たるべき抱負と決意とをもって出発したが、ここに創立以来の念願を果すべく角川文庫を発刊する。これまで刊行されたあらゆる全集叢書文庫類の長所と短所とを検討し、古今東西の不朽の典籍を、良心的編集のもとに、廉価に、そして書架にふさわしい美本として、多くのひとびとに提供しようとする。しかし私たちは徒らに百科全書的な知識のジレッタントを作ることを目的とせず、あくまで祖国の文化に秩序と再建への道を示し、この文庫を角川書店の栄ある事業として、今後永久に継続発展せしめ、学芸と教養との殿堂として大成せんことを期したい。多くの読書子の愛情ある忠言と支持とによって、この希望と抱負とを完遂せしめられんことを願う。

一九四九年五月三日